ELOGIO DA LOUCURA

O livro é a porta que se abre para a realização do homem.
Jair Lot Vieira

ELOGIO DA LOUCURA

ERASMO DE ROTTERDAM

TRADUÇÃO E NOTAS
Paulo M. de Oliveira

APRESENTAÇÃO
Fabrina Magalhães Pinto
Professora adjunta da Universidade Federal Fluminense (UFF-PUCG)
Doutora em História Social da Cultura (PUC-Rio)

Copyright da tradução e desta edição © 2023 by Edipro Edições Profissionais Ltda.
Todos os direitos reservados. Nenhuma parte deste livro poderá ser reproduzida ou transmitida de qualquer forma ou por quaisquer meios, eletrônicos ou mecânicos, incluindo fotocópia, gravação ou qualquer sistema de armazenamento e recuperação de informações, sem permissão por escrito do editor.

Grafia conforme o novo Acordo Ortográfico da Língua Portuguesa.

2ª edição, 2023.

Editores: Jair Lot Vieira e Maíra Lot Vieira Micales
Produção editorial: Karine Moreto de Almeida
Tradução e notas: Paulo M. de Oliveira
Editoração: Alexandre Rudyard Benevides
Revisão: Brendha Rodrigues Barreto, Fernanda Villas Bôas e Tatiana Yumi Tanaka
Capa: Lumiar Design

Dados Internacionais de Catalogação na Publicação (CIP)
(Câmara Brasileira do Livro, SP, Brasil)

Rotterdam, Erasmo de, 1466-1536

    Elogio da Loucura / Erasmo de Rotterdam ; tradução e notas Paulo M. de Oliveira ; apresentação Fabrina Magalhães Pinto – 2. ed. – São Paulo : Edipro, 2023.

    Título original: Moriae encomium

    ISBN 978-65-5660-099-4 (impresso)
    ISBN 978-65-5660-100-7 (e-pub)

    1. Erasmo de Rotterdam, 1466-1536 2. Filosofia moderna 3. Sátira latina, medieval e moderna I. Oliveira, Paulo M. de. II. Título.

22-133675   CDD-190

Índice para catálogo sistemático:
1. Erasmo : Filosofia moderna : 190

Cibele Maria Dias – Bibliotecária – CRB-8/9427

São Paulo: (11) 3107-7050 • Bauru: (14) 3234-4121
www.edipro.com.br • edipro@edipro.com.br
@editoraedipro   @editoraedipro

SUMÁRIO

Apresentação 7

Sobre o autor 39

ELOGIO DA LOUCURA 43

Erasmo a Thomas More, Saúde 45

Declaração de Erasmo de Rotterdam 49

APRESENTAÇÃO

*A tristeza mora no coração do sábio,
e a alegria, no do tolo.*
Erasmo de Rotterdam

O *Elogio da Loucura* de Erasmo de Rotterdam foi proclamado por Huizinga[1] (1946) como sendo a única obra deste autor destinada à imortalidade. Segundo ele, o mais influente dos humanistas do século XVI escreveu livros mais eruditos, alguns mais piedosos e outros que talvez obtiveram igual ou maior influência em sua época, mas todos fazem parte do passado. O panegírico à Loucura não seria sua melhor obra, mas a mais famosa delas. O que, então, teria sido responsável pelo sucesso e pelo grande número de reimpressões ainda no século XVI do *Elogio da Loucura*?[2]

Em um século de latinistas, Erasmo foi talvez o melhor deles. Sua erudição era impecável e sabia com destreza insinuar o que pensava, confundindo muitas vezes os seus leitores. Dedicando sua vida ao conhecimento, quantas tradições confluíram para ele: aristotelismo, platonismo, neoplatonismo, estoicismo e os Evangelhos. Além disso, Erasmo possuía colaboradores importantes. Carlos V, Margarida de Navarra e Henrique VIII foram alguns dos responsáveis pela perpetuação dos seus estudos. Desses contatos, quantas relações foram estabelecidas! Erasmo ti-

---

1. Para o autor, o *Elogio* não pode ser comparado às obras de maturidade de Erasmo, como o *Ciceronianus* ou os *Colóquios*. No *Encomium*, notamos mais a sua imprudência do que a força de seu estilo.
2. A primeira edição conhecida do *Elogio* foi impressa em Paris, em 1511. Entre os inumeráveis estudos sobre a obra, citarei apenas: Dresden (1972); Screech (1991); Margolin, "Parodie et paradoxe dans l'Éloge de la Folie". *In*: Érasme, le prix des mots et de l'homme, n. V, p. 27-57; Bainton (1988); Halkin (1995).

nha amigos importantes como o próprio Thomas More, a quem dedica o *Elogio da Loucura*[3] e a quem, pouco antes da publicação desta obra, fora nomeado conselheiro de Henrique VIII. Essas e outras relações foram fundamentais na carreira de Erasmo, principalmente para a publicação e divulgação de suas obras. Em uma época em que a intolerância religiosa já se fazia presente, dizer o que se pensava se transformava em um exercício perigoso, sendo inteligente o autor que tivesse por trás de sua obra quem a defendesse. Era esse um dos papéis da dedicatória no século XVI, e foi esse o papel de Thomas More no *Elogio da Loucura*. Erasmo tinha consciência das duras críticas que receberia por conta da publicação deste passatempo de viagem, portanto, certamente a sua dedicatória não foi involuntária. Além de amigo e grande humanista versado nos *studia humanitatis*, More também poderia usar de seu prestígio como embaixador para defendê-lo caso ele precisasse.[4] Diz Erasmo na carta introdutória ao *Elogio*:

> Por conseguinte, gostarás agora não só de aceitar de bom grado esta minha pequena arenga, como um presente do teu bom amigo, mas também de colocá-la sob o teu patrocínio, como coisa sagrada para ti e, na verdade, mais tua do que minha. Já prevejo que não faltarão detratores para insurgir-se contra ela, acusando-a de frivolidade indigna de um teólogo, de sátira indecente para a moderação cristã, em suma, clamando e

---

3. O título greco-latino *Encomium Moriae* é um jogo de palavras entre More e a Moria, a Loucura, porque pode ser entendido tanto como um elogio ao humanista, quanto como um elogio da Loucura. Diz Erasmo em carta a More, em 1511: "Achando-me, dias atrás, de regresso da Itália à Inglaterra, a fim de não gastar todo o tempo da viagem em insípidas fábulas, [...]. Não desejando, naquele intervalo, passar por indolente, e não me parecendo as circunstâncias adequadas aos pensamentos sérios, julguei conveniente divertir-me com um elogio da Loucura. Por que essa inspiração? – perguntar-me-ás. Pelo seguinte: a princípio, dominou-me essa fantasia por causa do teu gentil sobrenome, tão parecido com a *Moria* quanto realmente estás longe dela e, decerto, ainda mais longe do conceito que em geral dela se faz. Em seguida, lisonjeou-me a ideia de que essa engenhosa pilhéria pudesse merecer a tua aprovação, se é verdade que divertimentos tão artificiais, não me parecendo plebeus, naturalmente, nem de todo insulsos, possam-te deleitar, [...]." Erasmo a Thomas More, Saúde (1508). *Elogio da Loucura*, p. 45, nesta edição. Ver também: *Correspondance d'Érasme*. Édition Intégrale. t. I. 1484-514. Paris: Gallimard, 1967, p. 433-435. Neste volume das correspondências erasmianas a data atribuída à carta dedicatória é 1511.
4. More fora encarregado por Henrique VIII de diversas embaixadas, tanto em Flandres (1515) como na França (1517). Em 1529, tornou-se o grande chanceler da Inglaterra; mas, tendo se recusado, em 1532, a reconhecer a validade do divórcio de Henrique VIII, bem como seu casamento com Ana Bolena, fora acusado de traição, condenado à morte e decapitado em 1535.

cacarejando contra o fato de eu ter ressuscitado a antiga comédia e, qual novo Luciano, ter magoado a todos sem piedade. Mas os que se desgostarem com a ligeireza do argumento e com o seu ridículo devem ficar avisados de que não sou eu o seu autor, pois que com o seu uso se familiarizaram numerosos grandes homens.[5]

Erasmo previra as críticas dos teólogos, cujos "ouvidos muito sensíveis", não compreenderiam o significado do *Elogio da Loucura*. Assim, ele não só a dedica a More, como também não se responsabiliza por sua autoria. Seguindo um estilo muito usado pelos antigos – a declamação –, o autor se protege das acusações sobre a veracidade dos fatos que narra, tendo em vista que a *declamatio* não tem pretensões com a verdade, como a História, por exemplo. O elogio é livre para exaltar (e exagerar) as qualidades de uma cidade, bem como de seus homens e seus feitos na guerra, e mesmo zombar de animais, como o burro, e da loucura. Contudo, seus adversários não o entenderam ou não admitiram a pilhéria erasmiana sobre temas religiosos tão controversos. Este passatempo de viagem, no entanto, teve imensa difusão, agitando as multidões, abalando a Igreja, e contribuindo para incitar vários estados alemães a ouvir os reformadores. A carta que recebera de Martin Dorpius, em 1515, é um bom exemplo da recepção negativa do texto entre os teólogos. A acusação de heterodoxia que nela aparece duraria ainda pelos séculos XVI e XVII. Erasmo, retrucando, responde: "Quem é que não sabe tudo o que se poderia dizer contra os maus pontífices, contra os bispos e os padres desonestos, contra os príncipes viciosos, em suma, contra qualquer categoria [...]".[6] E continua respondendo as críticas de Dorpius:

> Em primeiro lugar, para falar francamente, estou quase arrependido de ter publicado a *Loucura*. Este livrinho não deixou de me proporcionar um pouco de glória, ou se preferires, de renome. Mas eu não gosto muito da glória em que se mescla a inveja. [...] Ao publicar todos os meus livros, meu único objetivo sempre foi o de fazer obra útil com o meu trabalho; e, se não conseguisse, pelo menos não fazer uma obra nociva. [...] A verdade

---

5. Erasmo de Rotterdam a seu caro amigo Thomas More. *Elogio da Loucura*, p. 46, nesta edição. Ver também: *Correspondance d'Érasme*. Édition Intégrale. t. I. 1484-514. Paris: Gallimard, 1967, p. 433-435.
6. Erasmo de Rotterdam a Martim Dorpius, Excelente Teólogo, 1515. In: *Correspondance d'Érasme*. Édition Intégrale. t. II. 1514-7. Bruxelas: Bruxelles University Press, 1974. Ver também: Erasmo de Rotterdam (1997, p. 119).

evangélica, ornada de atrativos deste tipo, esgueira-se com mais doçura nos corações e aí se estabelece mais profundamente do que se estivesse inteiramente nua: é o que, em sua obra *Doutrina cristã*, Santo Agostinho demonstra fartamente.[7]

Em sua defesa, prossegue lembrando aos teólogos que as suas outras obras tiveram a aprovação dos cristãos mais devotos bem como a dos eruditos, e que, nesta em particular, tomara o cuidado de não dirigir ataques pessoais. "Quem são esses censores tão rígidos [...] que não querem perdoar a um homem uma única inépcia?"[8] Entretanto, as muitas críticas ao *Elogio* não o detiveram. Já em 1516, aos 50 anos, quando o *Manual para um príncipe cristão* e a sua edição do *Novo Testamento* (com comentário) foram publicados, Erasmo era já considerado um grande humanista, filólogo e autor de obras como *Antibárbaros, Adágios, Enquiridion, Elogio da Loucura, Colóquios, A educação do príncipe cristão, Novo Testamento*, entre tantas outras que alcançaram grande influência pela Europa.

Voltando à questão do enorme sucesso do *Elogio*, não podemos esquecer também a forma como Erasmo elabora a sua narrativa, pois é nela em que o tom alegórico aparece de forma mais evidente. Usando a loucura como uma máscara, um disfarce, ele mesmo diz em carta a Martim Dorpius:

> Não tive na *Loucura* objetivo diferente do de meus outros escritos, embora por uma via diferente. No *Manual*, tracei simplesmente um esforço da vida cristã. No livrinho sobre a *Educação de um príncipe*, expus abertamente os princípios com que convém que um príncipe seja instruído. No *Panegírico*, sob o véu do elogio, tratei obliquamente do mesmo assunto, que já havia tratado abertamente no outro. E as ideias expressas na *Loucura*, não são nada diferentes das que estavam expressas no *Manual* [...].[9]

Ainda na carta ao teólogo Martim Dorpius, em 1515, o humanista ressalta logo nas primeiras páginas a semelhança entre as temáticas tra-

---

7. Erasmo de Rotterdam, 1997, p. 112 e 116.
8. *Ibid.*, p. 117.
9. Carta de Erasmo ao amigo Martim Dorpius em resposta às críticas que este teólogo teria feito à publicação do *Elogio da Loucura*. Dorpius fez-se o porta-voz dos teólogos do Colégio de Louvain, deixando claro seu descontentamento em relação às acusações erasmianas contra a classe clerical. Cf.: Erasmo de Rotterdam a Martim Dorpius, excelente teólogo, 1515. In: *Correspondance d'Érasme*. Édition Intégrale. t. II. 1514-7. Bruxelas: Bruxelles University Press, 1974.

tadas por ele no *Enquiridion* (1995b), publicado em 1503, no *Elogio da Loucura*, publicado em 1511, e no *Manual para um príncipe cristão* (1995a), publicado em 1516; embora estes textos cumpram, pelo menos aparentemente, objetivos bastante diferenciados. Seguindo, então, a chave de leitura indicada pelo próprio autor, e da semelhança entre os objetivos expressos no *Elogio da Loucura* e no *Enquiridion*, pensamos que um paralelo entre as duas obras pode ser enriquecedor. Não aprofundaremos aqui a aproximação entre estas e o *Manual para um príncipe cristão*, por se tratar de uma obra mais voltada para as questões políticas na Renascença.[10]

No *Enquiridion*, também conhecido como *Manual do soldado cristão*, as intenções de Erasmo se voltam sobre a cristandade de seu tempo. O livro é fruto de sua aproximação com o Evangelho de Cristo, como apresentava São Paulo, e também como o proclama Jean Vitrier:[11] um frade cujos sermões não eram divididos escolasticamente, mas, pelo contrário, unificados poderosamente por um "fogo interior", pelo fervor da palavra. A eloquência clara do frade produzia um efeito maravilhoso nos ouvintes, sendo frequentes em seus sermões a crítica às cerimônias e às superstições cultivadas pela Igreja Católica. A influência de Vitrier sobre Erasmo foi certamente decisiva para a gestação de seu cristianismo interiorizado; a *philosophia Christi*, que aparece já na publicação do *Enquiridion*, em 1503. Em todo o capítulo 8, dedicado a "algumas regras gerais do verdadeiro cristianismo", Erasmo relata com insistência as deformações introduzidas na vida espiritual

---

10. No *Manual para um príncipe cristão*, por sua vez, ressurgiam os mesmos ideais em um formato novo, ligado ao objetivo próprio de sua composição, isto é, a persuasão do príncipe Carlos para que seguisse os princípios da vida cristã e não aqueles de uma razão exclusivamente política presente no *Príncipe* de Maquiavel, escrito um ano antes, em 1515. No *Manual* (1995a), o humanista tratava da necessidade prática premente em seu tempo de uma renovação geral da cristandade, dirigindo-se aos ânimos de quem detinha um grande poder para liderar uma profunda transformação das instituições e costumes. Para tanto, Erasmo retoma rapidamente sinceras orientações morais para a instrução de um príncipe, propondo-lhe, sobretudo, que seja sábio, pois, quanto mais sábio ele for, maior será a felicidade da República, já que se manteria atento e vigilante diante da ambição, da ira, da adulação ou de qualquer outro vício que pudesse vir a corromper o bom governo. Mas o conselheiro devia, acima de tudo, desenvolver no príncipe os valores da devoção e do verdadeiro cristianismo, vivificando nele as virtudes da bondade, da honestidade, da caridade e do amor ao próximo.

11. Sobre a influência dos discursos simples de Jean Vitrier, ver: Festugière (1971, p. 12 ss.). Além disso, destaca o autor, é Vitrier quem o apresenta a Orígenes.

dos cristãos. As principais, segundo ele, são: o culto exagerado às relíquias, as superstições da Igreja e aqueles que a promovem, e a ausência de uma verdadeira fé baseada na Bíblia. Em uma de suas passagens, Erasmo (1995b, p. 115) reúne de uma só vez algumas das principais questões que são tratadas nessa obra.

Veneras os santos e gosta de tocar suas relíquias, mas deprecias o melhor que eles nos deixaram; seu exemplo de vida. Não há devoção que mais agrade a Maria que imitar a sua humildade. Nenhuma devoção aos santos é mais genuína que aquela que busca copiar suas virtudes. Gostarias de agradar a Pedro e a Paulo? Então imita um na fé e o outro na caridade. Deste modo, fará melhor do que ir dez vezes em peregrinação à Roma. Gostarias de imitar São Francisco? No momento presente, és arrogante, avarento e belicoso. Domina o teu temperamento, despreza a ganância do dinheiro. Suplanta o mal com o bem. Achas importante ser sepultado com o hábito de um franciscano? Este hábito, depois de morto, não te servirá de nada, se não adotares o seu comportamento, enquanto vivo. Não te condeno por respeitares as cinzas de Paulo, mas se venerares cinzas mudas e inertes enquanto descuras a sua viva imagem, que fala, e por assim dizer, respira nas suas cartas, a tua devoção não é absurda? Atribuis uma grande importância a um fragmento do seu corpo metido numa caixa de vidro, mas serás que admiras todo o espírito de Paulo que brilha através de suas epístolas? Honras uma estátua de Cristo, de madeira ou de pedra, e adornada com cores. Farias melhor em honrar a imagem do seu espírito que, através do Espírito Santo, se manifesta nos Evangelhos. [...] Tenho vergonha de falar de todas as superstições ligadas a estas cerimônias. De que serve aspergirem-se de água benta por fora, se estamos sujos por dentro?

O *Enquiridion*, fruto da conversão do humanista holandês ao Evangelho de Cristo, concentra-se nas temáticas da renovação da Igreja, da teologia e da religiosidade popular. E a maior arma para a *reformatio* cristã é a Bíblia, devendo ser usada em oposição ao formalismo monástico e aos silogismos sorbônicos que, mais preocupados com as investigações científicas sobre a natureza divina e os mistérios que envolvem a Trindade ou a ressurreição, deixam de lado o cultivo de uma fé pura e interiorizada, cujo modelo essencial é Cristo.[12] Nesta obra,

---

12. Sobre a relação entre a *reformatio* cristã e a *renovatio* das letras (que se prolonga até 1520, e tem em Erasmo um dos principais representantes desta corrente que pretende unificar a reforma da Igreja com a revivescência dos estudos clássicos), ver: Cantimori (1984).

Erasmo deixa claro a mensagem que queria difundir por toda cristandade: a de que o homem deveria se armar, tal como um cavaleiro, mas com a arma da palavra oferecida por este *Manual*, para enfrentar a batalha da vida mundana contra a carne e contra o demônio. Por isso, ele elabora cuidadosamente 22 regras para o verdadeiro cristão estar apto a agir contra as ilusões, os vícios e as tentações que a todo momento se impunham para afastá-lo do reto caminho deixado por Cristo. Pacifista, essa era a única guerra justa e aceitável para ele.

Como afirma Bataillon (1996), esse livro é um tratado sobre o *cristianismo interior*, no qual o homem deve se colocar contra os inimigos de Cristo. Assim, Erasmo convida cada homem a transformar-se, colocando à sua disposição o conhecimento de duas armas fortíssimas para enfrentar os males impostos pelo demônio e pelos vícios da carne: a oração e o conhecimento da lei divina, transmitida a todos pela Palavra pura das Escrituras.

O *Enquiridion*, embora muito pouco conhecido atualmente, alcançou um grande número de impressões durante o século XVI, sendo publicado em oito línguas diferentes em menos de quinze anos. Bataillon (1996, p. 14) atribui esse sucesso à eficácia de sua narrativa de tom popular e íntimo, em vez de erudito e doutoral. Ainda avesso ao tom professoral, porém sob uma forma diversa, seus alvos eram os mesmos no *Elogio da Loucura*[13], ou seja, a crítica mordaz aos teólogos, frades e monges lascivos e ignorantes que corrompiam a verdadeira religiosidade cristã. Erasmo combatia, então, em ambas as obras, a concepção tradicional do sentimento cristão pautado na obediência às hierarquias eclesiásticas, enquanto detentoras exclusivas do conteúdo da mensagem divina. E, da mesma forma, criticava a ritualização da fé, em cultos e cerimônias considerados por ele como meras superstições e práticas de caráter puramente externalizante, face ao imperativo maior da vida conforme os ensinamentos cristãos, a partir de uma conversão interior.

Persuadidos dos perdões e das indulgências, ao negociante, ao militar, ao juiz, basta atirarem a uma bandeja uma pequena moeda, para

---

13. Sobre as sucessivas publicações do *Manual* no século XVI, ver a "Introdução" de Pedro Rodriguez Santidrian em Erasmo de Rotterdam (1995b, p. 18).

ficarem tão limpos e tão puros dos seus numerosos roubos como quando saíram da pia batismal. Tantos falsos juramentos, tantas impurezas, tantas bebedeiras, tantas brigas, tantos assassínios, tantas imposturas, tantas perfídias, tantas traições, em uma palavra, todos os delitos redimem-se com um pouco de dinheiro, e de tal maneira redimem-se que se julga poder voltar a cometer de novo toda sorte de más ações. Quem já terá visto homens mais tolos, ou melhor, mais felizes do que os devotos, os quais julgam que entrarão infalivelmente no reino dos céus, recitando todos os dias sete versículos, que eu não sei quais sejam, dos salmos sagrados? [...] E todas essas coisas não serão, talvez, excelentes loucuras? Ah! Como isso é verdadeiro! Até eu, que sou a Loucura, não posso deixar de sentir vergonha. [...][14]

E continua Erasmo:
De tal maneira está a vida de cada cristão repleta de semelhantes desejos! Bem sei que os sacerdotes não são tão cegos que não compreendam deformidades tão vergonhosas; mas é que, em lugar de purgar o campo do Senhor, eles empenham-se em semeá-lo e cultivá-lo de ervas daninhas [...] "Não basta ter devoção por São Cristóvão: é preciso, também, viver segundo a lei divina, para não chegar a um mau fim. Não basta oferecer uma pequena moeda para obter perdões e indulgências: é preciso, ainda, odiar o mal, chorar, velar, rezar, jejuar, em uma palavra, mudar de vida praticando constantemente o Evangelho. Confiais em algum santo? Pois segui os seus exemplos, vivei como ele viveu, e assim merecereis a graça do vosso santo protetor".[15]

Nas duas obras, podemos perceber tanto a crítica às práticas externalizantes e supersticiosas quanto a mesma solução para extirpar "as deformações introduzidas na vida espiritual dos cristãos", que seria baseada, então, na *imitatio christi*, ou seja, a imitação da conduta dos santos e de Cristo, e não apenas o culto às suas relíquias. Privilegiava com essa reforma na vida espiritual da cristandade, e com o acesso de todos os homens à Palavra divina mais simples e direta das Escrituras, um cristianismo capaz de promover um contato direto com a divindade, tal como explicitava no *Enquiridon* e tal como reafirmaria oito anos após a edição do *Manual*, usando, no entanto, outra estratégia discur-

---

14. *Elogio da Loucura*, p. 96, nesta edição.
15. *Ibid.*, p. 98, nesta edição.

siva: no lugar de seu modo tão claro, simples e direto, a sua perspectiva no *Elogio* torna-se ambígua e satírica. Ele supunha, como diz:

> Ter encontrado o meio, graças a este procedimento, de [se] insinuar, por assim dizer nas almas delicadas e curá-las enquanto as divertia. Notara muitas vezes que este modo engraçado e alegre de dar uma opinião é o que logra mais êxito em muita gente. [...] Platão, [por exemplo,] filósofo tão ponderado, sabe que é possível, pela alegria do vinho, dissipar certos vícios que não poderiam corrigir pela austeridade; e Flaco julga que a opinião dada rindo não tem menos efeito que a séria. Que impede, proclama ele, de dizer rindo a verdade? Não é sem razão que os dois grandes retóricos, Marco Túlio e Quintiliano, dão com tanto cuidado os preceitos sobre os modos de provocar o riso. [...] Que meio mais fácil se pode imaginar para sanar os males comuns da humanidade? O prazer inicialmente alicia o leitor, e, depois de tê-lo aliciado, prende-o. (ERASMO DE ROTTERDAM, 1995a, p. 116)

Para Erasmo, a verdade um tanto austera por si mesma, quando "ornada com o atrativo do prazer", penetra mais facilmente no espírito dos homens. Consideramos que essa estratégia narrativa, elaborada com a máscara da loucura, seja um dos pontos centrais da sua obra, a partir do qual ele a constrói e desenvolve seu objetivo: "criticar os costumes dos homens para [...] instruir e aconselhar". Por isso, concordamos com Huizinga, até hoje considerado pelos historiadores como um dos grandes biógrafos de Erasmo, quando ele afirma que "só quando o humor iluminou esse espírito ele se tornou verdadeiramente profundo" (HUIZINGA, 1946, p. 47). Tratando de temas polêmicos e criticando declaradamente a Igreja e suas superstições, as guerras e a figura do papa Júlio II, Erasmo constrói sua argumentação afirmando o poder da loucura sobre todos os homens – sejam eles filósofos, clérigos, reis, comerci antes ou papas. A via cômica, de inspiração lucianesca,[16] talvez seja o elemento que tenha imortalizado o *Elogio da Loucura*, pois, por meio da alegoria da loucura ele revela livremente os seus anseios em relação ao homem moderno.

---

16. Segundo Robert Klein (1998, p. 427), além da tradição popular – sobretudo das festas dos loucos (apesar das inúmeras proibições) – e pictórica, uma das fontes clássicas para a ironia e o riso na Renascença é Luciano, que penetra na cultura humanista em torno de 1440, sendo difundido por Alberti, no século XV e, posteriormente, por Erasmo e Thomas More. Desse modo, afirma Bakhtin (1987, p. 63), o riso da Idade Média, tornou-se, no Renascimento, a expressão da consciência nova, livre, crítica e histórica da época.

Para analisar mais detidamente essas questões, voltemos ao início, ao momento em que Erasmo deixa a Itália e se encaminha para a Inglaterra. O ano era 1509. Ele saía da Itália, onde ficara por três anos, em direção à Inglaterra, respondendo ao convite de Henrique VIII e Thomas More. Lá chegando, Erasmo, doente, dá início à redação do *Elogio da Loucura*. Nessa obra, a própria Loucura declara que vai falar: *Stulticia Loquitur*. O leitor é prevenido, então, de que a *Moriae Encomium* é uma declamação: uma dessas declamações retóricas tão caras aos humanistas e que lhes permitem, mesmo em um texto curto, mudar sem cessar seu ponto de vista, passando da mais pura ironia, de argumentos deliberadamente frágeis sobre coisas insignificantes, às ideias expostas de forma convincente e sustentadas com força. Assim, as convenções ligadas ao gênero da *declamatio* fornecem a Erasmo uma forma de escapar da censura agressiva dos teólogos e outros religiosos de "ouvidos sensíveis". Enquanto, por exemplo, um grupo de eclesiásticos espanhóis condenam a sua teologia do casamento, exposta no *Encomium Matrimonii*, Erasmo pôde respondê-los dizendo que o trabalho é uma declamação e, portanto, sem pretensões rígidas com a verdade[17].

Essa máscara declamatória da Loucura se mantém sem interrupção até o fim do *Elogio*. À exceção da carta dedicatória a More (que antecede a obra[18]), nada no texto nos é apresentado diretamente por Erasmo. Neste primeiro movimento, a Loucura afirma que vai falar sem preparação prévia e livremente, sem consultar a regras prestabelecidas (sobretudo a dos retóricos antigos).

Não espereis que, de acordo com o costume dos retóricos vulgares, eu vos dê a minha definição e muito menos a minha *divisão*. Com efeito, o que é *definir*? É encerrar *a ideia de uma coisa nos seus justos limites*. E o que é *dividir*? É separar uma coisa em suas diversas partes. Ora, nem uma nem outra me convém. Como poderia limitar-me, quando o meu poder se estende a todo o gênero humano? E como poderia dividir-me, quando tudo concorre, em geral, para sustentar a minha divindade? Além disso, por que haveria de me pintar como sombra e imagem em uma *definição* quando estou diante dos vossos olhos e me vedes em pessoa?

---

17. Ver Halkin (1995).
18. "Carta de Erasmo a Thomas More", nesta edição, p. 45-48.

Sou eu mesma, como vedes; sim, sou eu aquela verdadeira *dispenseira* de bens, a que os latinos chamam *Stultitia* e os gregos, *Moria*.[19]

Contudo, em seguida faz um discurso com todas as divisões e subdivisões clássicas. Seguindo as premissas aristotélicas de que um elogio deveria começar com uma genealogia, ela inicia o louvor de si própria, anunciando que é filha de Plutão e da deusa da juventude, nascida nas Ilhas Afortunadas e amamentada pela embriaguez e pela ignorância.

Mas, como bem lembra Roland Bainton (1988, p. 93-116), esta não é de fato a genealogia da *Stultitia* de Erasmo. Entre os seus antepassados estavam o bobo da corte, o bufão, os loucos das festas populares, bem como os loucos da *Nau dos Loucos* de Bosch e Sebastian Brant. Jacques Heers ressalta que, no período medieval, a figura do louco esteve presente nas festas eclesiásticas, verdadeiras saturnais onde os subdiáconos ocupavam o lugar de seus superiores, parodiavam salmos e faziam trocadilhos maliciosos e obscenos com as orações, enfim, era o momento em que o riso era permitido dentro da própria Igreja. Dessas celebrações de caráter quase carnavalesco e de longa duração, também faz parte a cultura dos bobos da corte e dos bufões que não eram dispensados mesmo pelos reis. "Estes bobos representavam a presença, dentro da própria estrutura formal de poder, deste elemento irreverente, incrédulo, burlesco, que faz das sumidades coisas grotescas, que não admite a petulância da superioridade e que mostra, no íntimo do sério, o ridículo que este contém." (HEERS, 1987, p. 95). A loucura, continua Heers, incorpora no Renascimento toda essa carnavalização medieval das festas e da sátira popular, onde o riso é geral e universal, onde nada escapa ao deboche, à ironia e à paródia.

A cultura humanista, portanto, longe de opor-se a essa tradição popular tão presente do norte da Europa, esforçou-se por adotá-la e prolongá-la. Permanecem, ao longo do século XVI, as temáticas retratadas tantas vezes pelo pintor holandês Hieronymus Bosch – como a loucura (sábia ou não) que leva o homem para a morte, sem salvação (abordadas também por Bruegel e Holbain).[20]

---

19. *Elogio da Loucura,* p. 51-52, nesta edição.
20. Bosing (1991). Cf. Fraenger (1952). E, sobretudo, M. Bakhtin (1987) e R. Klein (1998), que destacam a permanência destas temáticas do louco e da morte no século XVI.

Imagem significativa é a *Nau dos Loucos,* de Bosch (ver Imagem 1), que representa um barco repleto de pecadores. Em sua nau existe apenas um louco que se encontra bebendo tranquilamente sentado no cordame e que parece ser o personagem mais alheio aos pecados da gula e da luxúria representados no quadro. Ele pode ser identificado pela extravagância de seu traje: na cabeça, o capuz com as orelhas terminadas em guizos, e, nas mãos, o cetro com a insígnia da loucura. O louco aparece sozinho, isolado, diferente do que acontecia, por exemplo, nas Festas dos Loucos. Segundo Jacques Heers (1987, p. 97), essas festas definiam-se pela irreverência, zombaria, ridicularização e pelo desrespeito às hierarquias. No quadro de Bosch, a figura do louco nos parece emblemática: ele está isolado e sem os gestos que o caracterizam; ao contrário, ele aparece tranquilo, aparentemente alheio ao que o rodeia; porque os verdadeiros loucos são aqueles que, na sua sanidade, optam por uma vida de pecado, e, é claro, pela condenação eterna. São os vícios dos homens que interessam a Bosch, por isso ele chama atenção para o comportamento desregrado daqueles que justamente deveriam se afastar de todo tipo de tentação: os frades e as freiras. Mas uma metáfora parece-nos ainda relevante: na *Nau* boschiana, o mastro da embarcação é uma árvore – e esta pode estar associada à árvore da vida, símbolo das relações que se estabelecem entre o Céu e a Terra, e instrumento tanto da queda do homem, quanto de sua redenção. Como árvore da vida (que também possui processos de regeneração próprios), podemos pensar na capacidade de mutação do ser humano: também o homem, que morreu ao pecar, pode, como a árvore, renascer como homem cristão. É desta forma que o bufão, o bobo da corte e a loucura de modo geral se tornam um sintoma desse mundo às avessas, onde os verdadeiros loucos não são eles (a minoria), mas os próprios homens. A loucura, destaca Foucault (1989), deixa de ser uma condição particular como na Idade Média, restrita a apenas um pequeno grupo que se pretendia excluir ou satirizar, tornando-se uma condição universal, capaz de atingir os homens nas mais diversas categorias sociais.

Que cristão sincero, no século XV, pergunta Robert Klein, não se sentia vil ou sujo? A própria Morte aparece, em algumas danças macabras, vestida de louca. São várias as imagens na Renascença em que há uma ligação entre o louco e a morte. O louco e a morte envolvem-se,

IMAGEM 1. *Nau dos Loucos*, de Hieronymus Bosch.

por vezes, em uma luta grotesca, como na letra R do *Alfabeto da Dança da Morte*, de Hans Holbein, de 1523 (Imagem 2). Em outros casos, a morte adota a roupa e os adereços típicos dos loucos (bobos). Na *Dança da Morte* de Heinrich Knoblochtzer, de 1488(Imagem 3), a morte, trajada de louco, busca um capelão. Esta figura da morte travestida em louco repete-se na *Dança da Morte* de Wilhelm Werner von Zimmern, com a morte a conduzir um franciscano. Por fim, esta relação aparece também em Erasmo: "Voltando, pois, à felicidade dos loucos, devo dizer que eles levam uma vida muito divertida e depois, sem temer nem sentir a morte, voam direitinho para os Campos Elísios,

IMAGEM 2. A Letra "R" do *Alfabeto da Dança da Morte*, de Hans Holbein, de 1523.

IMAGEM 3. Na *Dança da Morte*, de Heinrich Knoblochtzer, de 1488, a morte, trajada de louco, busca um capelão.

onde as suas piedosas e fadigadas almazinhas continuam a divertir-se ainda melhor do que antes"[21].

Segundo Klein, portanto, a loucura como elemento central não é uma criação original de Erasmo, pois este, como destacamos, era um tema bastante comum na literatura e na arte, sobretudo flamenca, entre os séculos XIV e XVI. Por essa razão, é possível afirmar que "o humanista estava à vontade em duas culturas diferentes, a antiga e a cristã" (KLEIN, 1998, p. 429). Seria mesmo muito difícil pensar que Erasmo (bem como outros humanistas do Norte) não houvessem presenciado os horrores do Juízo Final representados por inúmeros artistas; onde os homens são arrastados pelos seus pecados, ou ainda, as festas dos lou-

---

21. *Elogio da Loucura*, p. 89, nesta edição.

cos, que encenavam autos seguidos de sotias representadas por atores vestidos de loucos. Portanto, para Erasmo, se o mundo inteiro é louco, a conduta louca se torna normal, e aquele que dela se distancia – como os filósofos – é duplamente louco:

> [...] Tomareis o sábio mais por uma estátua do que por um homem, a tal ponto se mostra ele embaraçado em cada negócio. Assim, o filósofo não é bom, nem para si, nem para o seu país, nem para os seus. Mostrando-se sempre novo no mundo, em oposição às opiniões e aos costumes da universalidade dos cidadãos, atrai o ódio de todos com sua diferença de sentimentos e de maneiras.
> Tudo o que fazem os homens está cheio de loucura. São loucos tratando com loucos. Por conseguinte, se houver uma única cabeça que pretenda opor obstáculo à torrente da multidão, só lhe posso dar um conselho: que, a exemplo de Timão, retire-se para um deserto, a fim de aí gozar à vontade dos frutos de sua sabedoria.[22]

A loucura erasmiana, muito mais que a crítica ao mundo e suas esferas sociais, detém-se no próprio homem, em sua essência. Aí está a originalidade do pensamento erasmiano – pois, além de dar à loucura o papel de protagonista em uma *declamatio,* fato este também inédito –, Erasmo a associa aos ideais do humanismo cristão, que busca esclarecer os homens sobre a verdadeira piedade. Desta forma, como diz Klein, o louco provoca o riso – é o bufão, o bobo da corte – mas também é aquele que convida à meditação socrática, oferecendo-se aos mais lúcidos como espelho de sua verdadeira natureza. Na *Nau dos Loucos* de Bosch, o louco senta no mastro da embarcação e observa de costas para os presentes todos os pecados cometidos por frades e freiras que se embriagam, cantam e se divertem livremente. No cenário boschiano, tudo convida, incitando ao homem a meditar sobre a morte.

A loucura de Erasmo, mantendo esse traço de continuidade com o pensamento medieval, vai ainda bem mais além. Ela salva os homens do medo e da vergonha; liberta-o para embarcar em grandes empreendimentos. Sem ela, quais cidades e impérios teriam sido construídos? Sem ela, quais relações sociais seriam suportáveis?

> [...] Quantos divórcios não se verificariam, ou coisas ainda piores do que o divórcio, se a união do homem com a mulher não se apoiasse, não fosse

---

22. *Elogio da Loucura*, p. 72-73, nesta edição.

alimentada pela adulação, pelas carícias, pela complacência, pela volúpia, pela simulação, em suma, por todas as minhas sequazes e auxiliares? Ah! Como seriam poucos os matrimônios se o noivo prudentemente investigasse a vida e os segredos de sua futura cara-metade, que lhe parece o retrato da discrição, da pudicícia e da simplicidade! [...] Afinal de contas, nenhuma sociedade, nenhuma união grata e durável poderia existir na vida sem a minha intervenção: o povo não suportaria por muito tempo o príncipe, nem o patrão o servo, nem a patroa a criada, nem o professor o aluno, nem o amigo o amigo, nem o marido a mulher, nem o hospedeiro o hóspede, nem o senhorio o inquilino etc., se não se enganassem reciprocamente, não se adulassem, não fossem prudentemente cúmplices, temperando tudo com um grãozinho de loucura.[23]

É a loucura da ilusão que encobre a feiura, a ignorância, a debilidade e a infâmia. Segundo Erasmo, destruída a ilusão, toda a obra se estraga, toda a fantasia se desfaz. Em toda parte "só há fantasias, e a comédia da vida não é representada de outra maneira". Sem a ilusão não há convivência. E nela vivem todos os homens... O erudito esbanja sua juventude nos estudos movidos pela idiotice, sendo a mesma que move os cavaleiros em suas batalhas, os jogadores em suas trapaças, os muito crédulos em suas invocações, peregrinações e pedidos aos santos, os teólogos em suas discussões infindáveis, os papas que consideram "a derrota na guerra uma desonra e a morte na cruz uma vergonha", os padres que não acreditam em milagres e não dão valor ao estudo do texto bíblico. E assim Erasmo analisa friamente todos os tipos sociais: ladrões, jogadores, caçadores, filósofos, alquimistas, supersticiosos, príncipes, sábios, sacerdotes e papas.

Após, no entanto, toda essa apresentação da incidência da loucura na vida dos homens, o texto nos chama atenção para um outro aspecto: para a figura da louco como símbolo do autoconhecimento, que o homem só pode alcançar, segundo Erasmo, por meio da liberdade proporcionada pela loucura. E, como observou nosso autor, é por meio da loucura que a alma pode romper seus liames, fugir do cárcere, pôr-se em liberdade. Ela é a ligação entre o Homem e Deus, sendo por intermédio dela que se revela ao homem a sua verdadeira essência, não ne-

23. *Elogio da Loucura*, p. 67-68, nesta edição.

gando a sua face viciosa, indigna, mas compreendendo-a como parte de seu ser e imprescindível à emergência da dignidade humana.
Mas, expliquemos melhor esse ponto tão caro às perspectivas erasmianas.

A QUESTÃO DA DIGNIDADE HUMANA E SUA INFLUÊNCIA EM ERASMO

Entre os textos Renascentistas que trataram da questão da dignidade humana, o exemplo mais audacioso é, com efeito, o *Discurso sobre a dignidade do homem*, composto em 1486 por Pico della Mirandola. Se, de um lado, como afirma Cassirer,[24] é nítida a influência de seus predecessores da Academia Platônica, principalmente a exercida pela obra de Nicolau de Cusa, por outro, a concepção de Pico sobre o homem soa muito mais livre e direta: "não te fizemos nem celeste nem terreno, nem mortal ou imortal, de modo que assim, tu por ti mesmo sejas o escultor da própria imagem [...] e possas retratar a forma que gostarias de ostentar" (PICO DELLA MIRANDOLA, 1999, p. 53-54). É apenas, portanto, pela decisão do arbítrio (e não pela Providência) que o homem há de definir a sua compleição pessoal.

Segundo a abordagem de Pico (1999, p. 54), o homem poderá pelo seu próprio mérito, tanto "descer ao nível dos seres mais baixos e embrutecidos, quanto ao invés, por livre escolha da tua alma, subir aos patamares superiores, que são divinos".

No homem, quando este estava por desabrochar, o Pai infundiu todo tipo de sementes, de tal sorte que tivesse toda e qualquer variedade de vida. As que cada um cultivasse, essas cresceriam e produziriam nele os seus frutos. Se fossem vegetais, plantas; se sensuais, brutos; se racionais, viventes celestes; se intelectuais, um anjo e um filho de Deus. [...] Por conseguinte, se viver um homem devotado às coisas do ventre, como uma serpente que

---

24. Segundo Cassirer (2001, p. 123-204), vários são os autores que se dedicaram ao tema da dignidade do homem, sendo alguns dos expoentes mais ilustres o *De libero arbitrio*, de Lorenzo Valla, o *De dignitate et excelentia hominis*, escrito em 1452 por Gianozzo Manetti, o diálogo *Da família*, de Alberti, as *Epistolae* de Poggio, entre tantos outros. No *Discurso* de Pico, segundo o autor, que deveria servir de introdução à defesa das suas 900 teses em Roma, podemos reconhecer a influência desses textos, mas, sobretudo, pelos ideais defendidos por Nicolau de Cusa, em sua *Douta ignorância*, e por Ficcino.

rasteja sobre o solo, aquilo é um cepo e não foi um ser racional que vistes. Se vires alguém envolto nos múltiplos enganos da fantasia, aliciado por sedução ou dominado pelos sentidos, então se trata de um ser irracional e não foi ao homem que vistes. Se, em contrapartida, ao filósofo que, com reta razão, discerne todas as coisas, se a ele venerares, então és um ente celeste e não terreno. Se vires um genuíno contemplativo que, negligenciando o corpo se refugia nos escrínios da mente, aquele não é um ser terreno nem mesmo celeste, porque se trata do mais augusto nume revestido de carne humana. (PICO DELLA MIRANDOLA, 1999, p. 56).[25]

Esta passagem deixa explícita a autonomia em relação a seu destino então adquirida pelo homem que pode, se assim o desejar, controlar a natureza e modificar-se a si mesmo. Convertendo-se em soberano de si próprio, ele escolhe ser o que quiser: uma planta, um animal embrutecido, um anjo, podendo até mesmo se igualar a Deus, uma vez que este homem partilha também de algo que é sublime por ter sido feito à imagem e semelhança da divindade mais alta. Uma forte noção de liberdade, dignidade e criatividade humana emerge nesta polêmica obra que exercerá grande influência sobre o movimento humanista dos séculos XV e XVI, fazendo-se o credo central na constituição de um novo tipo de catolicismo, de caráter místico e espiritualista, que desdenha das instituições eclesiásticas, centrando-se na devoção interna, na reforma moral do espírito e no desenvolvimento de sua razão. O homem de Pico se converte em soberano de si mesmo, distanciando-se por isso das doutrinas medievais, pois a liberdade por ele adquirida lhe daria mobilidade por toda a hierarquia cósmica, podendo, de acordo com a sua vontade e suas ações, ascender ou decair.

Pico é o primeiro humanista a desafiar a concepção de "inalterabilidade do *self*" (GREENE, 1968, p. 243-244) que informava o pensamento medieval, e confiar, de maneira quase ingênua na capacidade do homem de fazer-se da melhor maneira possível, conseguindo com isso

---

25. Neste ponto, o texto de Pico se desloca da tradição neoplatônica da Academia florentina, representada por Marsílio Ficcino em sua *Theologia Platônica* (escrita entre 1469 e 1474), que define o espírito humano pelo amor inato de Deus sendo levado essencialmente do centro do universo, onde estava fixado, à imortalidade divina. Diferentemente do homem definido por Ficcino, que tinha como substância de seu espírito a força primordial que o elevava à divindade, o homem de Pico era insubstancial, podendo tanto engrandecer-se quanto arruinar-se segundo sua própria determinação.

o propósito maior de toda a humanidade: ascender até a divindade, conquistando a salvação e a felicidade eterna. Segundo Thomas Greene (1968, p. 243), esta é a mais extravagante asserção entre os humanistas sobre a liberdade de escolha do homem de seu próprio destino, assim como a possibilidade de moldá-lo e transformá-lo. Esta concepção, segundo o autor, está muito próxima da heresia por não mais operar com a ideia de graça, onde o homem, marcado essencialmente pelo pecado, era impotente para se recriar ou para se aproximar de Deus a não ser pelo auxílio e vontade divinas. Uma mudança de direção na conduta humana (tornar-se bom ou mal) só ocorreria nas doutrinas medievais aristotélico-tomistas por meio da interferência divina. Já em Pico, o argumento se altera radicalmente, o seu mundo é marcado pelo movimento e o homem torna-se livre para escolher o seu próprio caminho – ou ele ascende até o nível dos seres mais elevados, como o dos anjos e dos querubins, ou desce até a categoria dos seres mais embrutecidos – de tal sorte que poderia ter toda e qualquer variedade de vida. Pico (1999, p. 55) vê no ser humano um novo "Proteu", um "camaleão". O que seria, então, mais digno de ser admirado do que a capacidade do ser humano de ser o gerador de si mesmo (*plastes et fictor sui*) dentro de uma dinâmica regenerativa ou degenerativa?

Como propõe o humanista, portanto, a dignidade do homem não é algo dado ou acabado e mecanicamente fixo, ela deve ser conquistada por meio de uma educação que possa nos ajudar a ascender à divindade. Tendo em vista a necessidade de uma ampla formação moral e intelectual que nos torne melhor, diz Pico (1999, p. 62): "socorremo-nos então nos exemplos dos antigos mestres que de tudo podem fornecer informações fartas e seguras".[26]

Já Erasmo, representante de uma fase mais madura do Renascimento, embora exaltasse o ideal de elevação do espírito, já se distanciava,

---

26. Por essa razão, o *Discurso* ressalta, acima de tudo, a confiança humanista no currículo pedagógico que ele divide em quatro disciplinas listadas em ordem ascendente. Em primeiro lugar está a ética, "para com ela expulsarmos as volúpias desordenadas e assegurarmos a paz duradoura"; em seguida, a dialética, para finalizar os "conflitos da razão em meio às disputas das palavras e a capciosidade dos silogismos"; em terceiro, a filosofia natural, que "apaziguará as discórdias de opiniões que também dilaceram a alma humana"; e em quarto e último nível, a teologia (PICO DELLA MIRANDOLA, 1999, p. 68).

por outro lado, do otimismo radical de Pico, que não conhecia limites para a liberdade humana. Ele e outros humanistas (como Lorenzo Valla) eram profundamente céticos quanto às possibilidades da filosofia destacadas por Pico (CANTIMORI, 1984, p. 157), na exaltação da excelência de suas habilidades criativas. Na verdade, Erasmo reelaborou a noção de dignidade humana de Pico sob uma moralidade que desconfiava mais dos excessos do artifício. Ele apostava no preceito socrático do *conhece-te a ti mesmo* (que aparece já no *Enquiridion*), bem como no conhecimento dos textos sagrados e em um ideal de transformação do homem e do mundo, calcados na imitação dos preceitos de Cristo (tais como a caridade, a bondade e o amor ao próximo). E, como humanista e autor de muitos trabalhos dedicados à renovação das letras, insistia ainda nos modelos exemplares de virtude cultuados pelos antigos e no cultivo das disciplinas humanísticas: a Gramática, a Retórica, a História e a Filosofia Moral.[27]

Em nenhum outro autor deste período esta crença de que a educação poderia levar à transformação do homem é manifesta de forma tão explícita e, ao mesmo tempo, realizada de modo tão controverso quanto em Pico, por isso, suas ideias serviram de ponto de partida para todos aqueles que, como Erasmo, se empenharam em promover uma ruptura com o modelo anterior de educação e de religiosidade cristã. Mais importante para Erasmo, contudo, seria o cultivo de um novo catolicismo, cujo principal fundamento é o ideal humanista da dignidade do homem, baseado na virtude cristã, nos valores da tolerância e da concórdia religiosa. Como vimos, é esse mesmo objetivo que é desposado por Erasmo em seu *Enquiridion* e no *Elogio*.[28]

---

27. Esta preocupação pedagógica está expressa em obras como: os *Antibárbaros, Rationne studii* e *De copia*. Para uma análise do *Rationne* e do *De copia* ver: Magalhães Pinto (2006).
28. Durante o período em que permaneceu na Inglaterra, entre 1499 e 1505, Erasmo conheceu humanistas como Willian Grocyn, Willian Latimer e Thomas Linacre, que o influenciaram a seguir as ideias neoplatônicas ressurgidas pela Academia de Florença, chefiada por Pico e Ficcino. Segundo Baiton (1969, p. 65-92), o que Erasmo aproveitou realmente desta tradição foi um reforço da sua própria religião de interioridade, já que ele havia sido influenciado antes pela *Devotio moderna*, que também questionava a religião externalizante cultivada pela Igreja e pregava um contato direto do homem com Deus. Certamente este é um ponto de afinidade entre Pico e Erasmo, no entanto, destacamos também a ideia de dignidade do homem desenvolvida por Pico, a ruptura por ele estabele-

Como diz Erasmo em seu *De recta pronuntiatione* (1991, p. 905), "o homem não nasce homem, mas torna-se homem". Na visão erasmiana, o homem já recebe as propriedades de sua natureza no ato da concepção e do nascimento, porém, esta, além da sua riqueza intrínseca (ao partilhar da centelha divina no ato da criação[29]) comporta ainda um lastro imenso de inúmeras potencialidades, que podem ser plenamente desenvolvidas por meio da educação para realizar sua semelhança com o espírito divino. Diz ele no *Enquiridion*: "quanto à alma, somos tão capazes do divino que podemos alcançar a mesma natureza dos anjos e fazermos a mesma coisa com Deus". Segundo Erasmo, estas duas naturezas tão distintas entre si foram separadas após o pecado original, encontrando-se em constante conflito. O corpo porque é visível, mortal e se deleita com as coisas terrenas; a alma, pelo contrário, por estar ligada à linhagem celestial tende a depreciar tudo que é visível e efêmero, buscando o que é verdadeiro e eterno. Assim, o homem por partilhar no momento de sua criação de uma centelha divina, tal como Deus, também se torna imortal. Por isso, "o semelhante é atraído por seu semelhante; a não ser que a alma enlameada totalmente na imundície do corpo tenha degenerado de sua primitiva grandeza tendo deixado contaminar-se por ele" (ERASMO DE ROTTERDAM, 1995b, p. 94). É contra esta discórdia entre alma e corpo, entre vícios e virtudes que assolam o homem a todo instante que devemos declarar guerra.

Outro ponto essencial para Erasmo é a sua negação da concepção tradicional e agostiniana da miséria humana que dominara o pensamento medieval,[30] condição esta essencial para a afirmação da dignidade

---

cida com o modo de pensar medieval e a sua valorização da educação como pontos-chave da sua influência sobre Erasmo.

29. Assim como no *Discurso* de Pico, Erasmo também desenvolve em algumas das suas obras uma concepção dualista do homem, dividido em corpo e alma. Eles concordavam que, uma vez que o espírito, a centelha divina, se faz presente no corpo, as exigências deste não podem ser negadas. Os neoplatônicos florentinos também concordavam que o corpo não era totalmente mau, podendo, se controladas as paixões, ser conduzido a atitudes interiores e devotas. Cf. Erasmo de Rotterdam (1995b, p. 91). Sobre o dualismo e sua influência neoplatônica em Erasmo ver: Bainton (1969, p. 72).

30. Contudo, a concepção agostiniana da queda pelo pecado original não foi a única a determinar o pensamento medieval sobre o homem. A partir do século XII, uma outra tradição viria consolidar-se e aprofundar os debates sobre a questão da liberdade. Trata-se

do homem e de seus poderes de apreensão e compreensão do saber por meio da educação. Para analistas como Cassirer (2001, p. 123-204), foi justamente a difusão da obra de Pico que conferiu o escopo teórico necessário para o repúdio humanista da concepção agostiniana feita então sobre bases mais consistentes. Com essa nova liberdade adquirida pelo homem, de autotransformar-se de acordo com a sua vontade, e sem mais os grilhões do pecado original, Erasmo gera uma intensa inflexão na visão da loucura. Tudo o que havia de manifestação obscura na loucura, como há em Bosch, desapareceu em Erasmo; a loucura não está mais no mundo e nos vícios. A loucura já não diz tanto respeito à verdade e ao mundo, ela se direciona para o homem. Ela existe agora no próprio homem, e, de acordo com M. Foucault (1989), a primeira manifestação desse sintoma no homem é o apego a si mesmo. O mal não é o castigo ou o fim dos tempos, mas apenas erro, fruto da imperfeição humana.

Se antes, portanto, a loucura levava os homens à condenação eterna (ou estava apenas associada ao deboche, à ironia e as festas), no Renascimento a figura do louco emerge como símbolo do autoconhecimento; que o homem só poderá alcançar por meio da liberdade proporcionada pela loucura. É por intermédio dela que a alma pode pôr-se em liberdade e revelar a sua verdadeira essência: movida pelas paixões, mas também motivada a conquistar a sua dignidade. É nesse sentido que se

---

da corrente aristotélico-tomista, contra a qual o humanismo se opunha mais fortemente e cuja doutrina afirmava ser a natureza humana prefixada na hierarquia celestial, sendo o indivíduo impotente para se recriar. Portanto, mesmo que mantivessem uma vida virtuosa e cultivassem boas ações, esta conduta não poderia restaurar a condição inicial perdida com o pecado. Como afirma Thomas Greene (1968, p. 243-244), para São Boaventura, assim como para muitos escolásticos, o homem perde com a queda a sua liberdade e a sua capacidade de transformar-se, a não ser que receba o auxílio da graça divina. A diferença entre a concepção agostiniana e a tomista consiste na definição de *habitus*, proposta por São Tomás de Aquino, que oferece ao homem uma estabilidade menos rígida na hierarquia celestial. De acordo com Aquino, *habitus* seria a disposição adquirida pelo homem e que o permite agir de acordo com a sua natureza. Toda virtude, toda arte é um *habitus*, sendo, no entanto, estes bens inatos e não adquiridos por sua própria vontade, o homem praticamente não possui meios de alterar o seu ser. Entretanto, o autor dá uma pequena margem de movimento a este homem, que caminha em direção à salvação ou ao pecado. Em oposição a estas concepções o Renascimento mostra-nos, de forma cada vez mais clara, uma outra imagem.

aproximam as figuras do louco e de Cristo, porque Cristo – filho do homem enquanto corpo perecível e filho de Deus enquanto espírito imortal – é o signo da dualidade, da ambivalência desse homem que, embora imerso em seus pecados e vícios, tenta (e pode) desesperadamente alcançar Deus. Mas o homem busca a salvação de forma equivocada, e aí voltamos à crítica essencial e uma das primeiras premissas do *Elogio*: porque os representantes religiosos cultivam superstições em vez de incitarem os cristãos a retornarem às práticas do cristianismo primitivo e da verdadeira religião.

A LOUCURA DA CRUZ

Não nos resta dúvida que Erasmo dedica aos padres, papas, sacerdotes, teólogos, enfim, aos clérigos uma atenção especial em sua obra. Se para os jogadores, por exemplo, ele oferece pouco mais que dois parágrafos, para os clérigos ele separa algumas páginas onde desenvolve uma crítica bastante apurada. Proclama a Loucura indignada:

[...] Quem já terá visto homens mais tolos, ou melhor, mais felizes do que os devotos, os quais julgam que entrarão infalivelmente no reino dos céus, recitando todos os dias sete versículos, que eu não sei quais sejam, dos salmos sagrados? [...] E todas essas coisas não serão, talvez, excelentes loucuras? Ah! Como isso é verdadeiro! Até eu, que sou a Loucura, não posso deixar de sentir vergonha. No entanto, não é o público o único a aprovar tão completas extravagâncias. Sustentam a sua prática, dando o exemplo os próprios professores de teologia. [...] É curioso verificar que cada país gaba-se de ter no céu um protetor, um anjo tutelar, de forma que, em um mesmo povo, entre esses grandes e poderosos senhores da corte celeste, encontrem-se as diversas incumbências do protetorado. [...]

Além desses, existem outros santos que gozam de um crédito e um poder universais, encontrando-se entre estes, em primeiro lugar, a mãe de Deus, a quem o vulgo atribui poder maior que o do seu próprio filho. [...] [...] Mas, por que engolfar-me nesse oceano de superstições?

Se eu tivesse cem línguas e cem bocas. / E férrea voz, em vão de tantos tolos / As espécies contar eu poderia, / E de tanta tolice os vários nomes.

De tal maneira está a vida de cada cristão repleta de semelhantes desejos! Bem sei que os sacerdotes não são tão cegos que não compreendam deformidades tão vergonhosas; mas é que, em lugar de purgar o campo do Senhor, eles empenham-se em semeá-lo e cultivá-lo de ervas daninhas, com toda a diligência, certos como estão de que estas costumam aumentar-lhes as ganhuças. [...][31]

Com efeito, se a primeira parte e a mais extensa do *Elogio* é satírica, a segunda se desenvolve de um modo totalmente distinto. Se a humanidade já estava feliz por ter escolhido a cegueira, a felicidade, a ignorância e a complacência, um novo elemento é introduzido. Diz o humanista:

[...] Cícero nunca se orientou tão bem, por mim, como quando disse: *Todas as coisas estão cheias de loucura.* Ora, convireis que, quanto mais extenso é um bem, tanto mais excelente é ele.
Mas é possível que os autores citados tenham pouca autoridade para os cristãos. Pois bem: apoiarei, se julgais conveniente, ou, para exprimir-me teologicamente, fundarei o meu elogio no testemunho das sagradas escrituras. [...]
[...] no Eclesiastes está escrito que o *número dos loucos é infinito.* Ora, esse número infinito não abrangerá todos os homens, com poucas exceções, se é que já houve algumas? Mais ingenuamente, porém, confessa-o Jeremias: *Todos os homens* – diz ele no capítulo X – *tornaram-se loucos à força de sabedoria.* E atribui a sabedoria somente a Deus, deixando aos homens a loucura como predicado. Um pouco antes, diz ele: *O homem não deve se gabar da sua sabedoria.*[32]

Com essas palavras, a Loucura introduz um tema maior de sua peroração: apenas Deus é sábio, sendo a humanidade inteiramente louca. Sendo assim, a sabedoria almejada pelas mais diversas correntes filosóficas (platônicas, aristotélicas, epicuristas, estoicas, escolásticas ou neoplatônicas) também é guiada pela Loucura e, por isso, não podem alcançar a verdade, ainda que a busquem fervorosamente.

Na *República,* uma das imagens construídas por Platão é justamente a de Sócrates explicando para seu interlocutor, Glauco, o processo pelo qual o indivíduo passa a se afastar do mundo do senso comum e da opinião em busca do saber e da Verdade. É este precisamente o percurso do prisioneiro até transformar-se no sábio, no filósofo, que deve depois retornar à caverna para cumprir sua tarefa político-pedagógica de indicar a seus antigos companheiros o cami-

---
31. *Elogio da Loucura*, p. 96-98, nesta edição.
32. *Ibid.*, p. 142-143, nesta edição.

nho. Logo, a filosofia, único saber possível capaz de alcançar a verdade essencial das coisas, é a arte que deve orientar os homens em sua vida prática.[33] Erasmo, contudo, não partilha das definições platônicas sobre a filosofia: 1) como único meio de se conhecer a verdade; e 2) em oposição à retórica, tendo em vista que a escrita jamais alcança o grau de "clareza e lucidez" do conhecimento. O humanista, segundo Jacques Chomarat (1981, p. 25-45), pouco se aventura no terreno da filosofia abstrata, quer seja ela grega ou escolástica, não realizando por isso nenhum esforço intelectual particular para compreendê-las. Em lugar da busca incessante pela verdade – em tantos casos e assuntos velada ao homem –, ele opta por um novo conceito de filosofia: a *phisophia christ*: seu projeto de teologia bíblica e formulação de regras para um agir cristão no mundo – cujo exemplo mais direto talvez seja o *Enquiridion*.

Contudo, não é apenas a loucura dos doutos que interessa a Erasmo. E aí se opera uma grande virada no texto erasmiano; ainda que pouco perceptível aos leitores menos atentos. Ele passa a tratar da existência da Loucura também entre os apóstolos e em Cristo, baseando-se no depoimento das Escrituras. Portanto, se todos aqueles que não são sábios são loucos (mesmo aqueles que fazem profissão de piedade), tudo o que é mortal depende necessariamente da Loucura. "Diz ainda Salomão no capítulo XV: *A tolice é a alegria do tolo*, o que significa que, *sem a loucura, nada se acha de agradável na vida*. E em outra passagem: *Progredir na ciência é o mesmo que progredir na dor, e onde há muito sentimento há também muita contrariedade.*"[34] E continua:

Salomão julgava ter chegado a tanta perfeição, dizendo no capítulo XXX: *Eu sou o mais louco de todos os homens*. São Paulo, esse evangelista, esse apóstolo das gentes, não passou sem se atribuir o meu nome,

---

33. Diz Glauco, interlocutor de Sócrates na *República*: "Eu compreendo, embora não de maneira plena, pois creio que tens em mente uma tarefa nada superficial. Contudo, posso entender que pretendes distinguir o elemento inteligível daquilo que *é*, o elemento estudado pela dialética, como mais [verdadeiro e] mais exato do que o elemento estudado pelas chamadas ciências, para as quais suas hipóteses são primeiros princípios. E embora aqueles que estudam os objetos dessas ciências sejam obrigados a fazê-lo por meio de seu entendimento racional e não pela percepção sensorial" (PLATÃO, 2014, 511c, p. 287).

34. *Elogio da Loucura*, p. 144, nesta edição.

pois disse aos coríntios: *Como louco, eu afirmo que sou o maior de todos* (de tal maneira considerava ele vergonhoso ser superado em loucura).[35] Paulo, Salomão, e mesmo os mais devotos se dizem loucos... Por isso, destaca M. A. Screech (1991, p. 41), Erasmo sugere a partir dessas afirmações que o próprio Cristo é também louco, posto que mortal e humano.

Volto de novo a São Paulo. Falando de si mesmo, diz esse apóstolo: "Suportais pacientemente os tolos... Considerai-me também um tolo... Não falo segundo Deus, mas como se fosse tolo... Somos tolos por Jesus Cristo.". Que glória para mim é o fato de um autor de tanto peso referir--se tão favoravelmente à Loucura! No entanto, o mesmo São Paulo, não contente com isso, passa a recomendar a loucura como coisa sumamente necessária à salvação. "Aquele, dentre vós" – diz ele – "que quiser parecer sábio, deve tornar-se louco, para poder fazer-se sábio." Não chamou Jesus Cristo *loucos*, em São Lucas, àqueles dois discípulos com os quais encontrou-se na estrada, depois da ressurreição? Não obstante, isso não me causa tanta surpresa como o que disse o apóstolo das gentes: *A loucura de Deus é melhor que a sabedoria dos homens*.[36]

Que significa isto, senão que a loucura existe em todos os mortais, mesmo na piedade? O próprio Cristo, no dia em que tomou aspecto humano, não quis remir os pecados da humanidade senão pela loucura da Cruz, e "utilizou nessa tarefa apóstolos grosseiros e idiotas, recomendando-lhes calorosamente que evitassem a sabedoria e seguissem a loucura".[37] E continua Erasmo: "Não me parece que deva silenciar sobre o sumo crédito de que gozo no céu, pois que aí facilmente obtém-se o perdão com o meu nome, ao passo que não é favorável o da sabedoria".[38]

[...] Finalmente, é impossível achar loucos mais extravagantes que os que se abandonam inteiramente ao ardor da piedade cristã. Jogam fora o dinheiro como a água, desprezam as injúrias, deixam-se enganar, não veem diferença alguma entre os amigos e os inimigos, sentem horror pela volúpia: a abstinência, as vigílias, as lágrimas, os padecimentos, os ultrajes,

---

35. *Elogio da Loucura*, p. 145, nesta edição.
36. *Ibid.*, p. 150, nesta edição.
37. *Ibid.*, p. 152, nesta edição.
38. *Ibid.*

eis todas as suas delícias; além disso, odeiam a vida e desejam a morte, ao ponto de parecerem absolutamente privados de senso comum, não passando de corpos sem alma e sem sentimento. Que nome lhes daremos, se o de loucos não lhes fica bem?[39]

Para não divagar no infinito das menções aos textos bíblicos, menciona a Loucura que a religião parece ter real parentesco com certa loucura e muito pouca relação com a sabedoria. Enfim, os loucos mais extravagantes não são os que foram inteiramente tomados pelo ardor da piedade cristã? Aqueles que justamente dispensam seus bens, não se importam com as injúrias, têm horror aos prazeres mundanos e à ostentação, saciam-se com jejuns, vigílias, e sentem aversão pela vida. Enfim, carecem de todo sentimento humano (e de suas paixões) como se seu espírito vivesse em um outro lugar e não no seu corpo. Que são eles, senão loucos? A felicidade procurada pelos cristãos, à custa de tantas provações, não passa então de certa demência, de certa loucura. Mas a Loucura faz uma ressalva final: se o ardor religioso provoca tais efeitos, talvez não se trate da mesma loucura que a nossa, mas se aproxima de tal modo que todos a confundem, sobretudo porque são pouquíssimos esses homens que, por seu gênero de vida, se mantêm inteiramente à margem do gênero humano. Os devotos, de fato, desprezam tudo aquilo que se relaciona ao corpo, são inteiramente arrebatados pela contemplação das coisas invisíveis e tendem todos os seus esforços a Deus. Portanto, não se preocupam com o corpo, desprezam o dinheiro e se ocupam apenas das coisas cristãs, como a piedade.

A principal ocupação dos mundanos é acumular sempre riquezas e contentar em tudo e por tudo o próprio corpo, pouco ou nada se importando com a alma, cuja existência, por ser ela invisível, muitos chegam mesmo a pôr em dúvida. Já as pessoas inflamadas pelo fogo da religião seguem um caminho totalmente oposto e depositam toda a sua confiança em Deus, que é o mais simples de todos os seres: depois dele e dependendo dele, pensam na alma, sendo a coisa que mais próxima está da divindade.[40]

É bem verdade, finaliza a Loucura, que, em confronto com a felicidade eterna, a vida que levam esses devotos na terra não passa de uma

---

39. *Elogio da Loucura*, p. 154, nesta edição.
40. *Ibid.*, p. 155, nesta edição.

sombra. Mas, ainda assim, "essa sombra é incomparavelmente superior a todos os prazeres dos sentidos", pois todas as coisas espirituais superam infinitamente as materiais, e os bens invisíveis ultrapassam [...] os visíveis. É, aliás, o que promete um profeta, quando diz: *Os olhos não viram, os ouvidos não escutaram, o coração do homem não sentiu ainda o que Deus preparou para os que o amam.* É esse gênero de loucura que, bem longe de se perder quando se passa da terra ao céu, alcança, ao contrário, seu último grau de perfeição.[41]

E assim termina a Loucura a sua *declamatio*, chamando a atenção dos homens guiados por ela para o fato de que existe ainda um outro tipo de loucura, pouquíssimo conhecida (e com um número ínfimo de seguidores!), mas que promete tamanha felicidade quando as almas, dotadas de imortalidade, retomarem seu antigo corpo.

Fabrina Magalhães Pinto
Professora adjunta da Universidade Federal Fluminense (UFF-PUCG)
Doutora em História Social da Cultura pela PUC-Rio[42]

---

41. *Elogio da Loucura*, p. 158, nesta edição.
42. Com a tese *O discurso humanista de Erasmo: uma retórica da interioridade.* Atua na área de História Moderna. E-mail para contato: fabrinamagalhaes@gmail.com.

REFERÊNCIAS

BAINTON, Roland. Itália: O elogio da loucura. *In*: BAINTON, Roland. **Erasmo da Cristandade.** Lisboa, 1988.

BAINTON, Roland. Neoplatonismo e piedade. Inglaterra: Holanda: O enquiridion. *In*: BAINTON, Roland. **Erasmo da Cristandade.** Lisboa: Fundação Caloust Gulbenkian, 1969.

BAKHTIN, Mikhail. **A cultura popular na Idade Média e no Renascimento: o contexto de François Rabelais.** São Paulo: Hucitec, 1987.

BATAILLON, Marcel. **Erasmo e Espanha: estudios sobre la historia espiritual del siglo XVI.** México: Fondo de Cultura Económica, 1996.

BOSING, W. **Entre o céu e inferno.** Taschen, 1991.

CANTIMORI, Delio. **Humanismo y religiones en el Renacimiento.** Barcelona: Península, 1984.

CASSIRER, Ernest. Liberdade e necessidade na filosofia do Renascimento. *In*: CASSIRER, Ernest. **Indivíduo e cosmos na filosofia do Renascimento.** São Paulo: Martins Fontes, 2001.

CHOMARAT, Jacques. **Grammaire e rhétorique chez Érasme.** Paris, 1981. 2. v.

DRESDEN, S. Sagesse et folie d'après Érasme. *In*: **Colloquia erasmiana turonensia.** Paris, 1972, t. 1, p. 285-289.

FESTUGIÈRE. **Enchiridion.** Paris, 1971.

FOUCAULT, Michel. Stultifera Navis. *In*: FOUCAULT, Michel. **História da Loucura.** São Paulo: Editora Perspectiva, 1989.

FRAENGER, Wilhelm. **The millenium of Hieronymus Bosch: outlines of a new interpretation.** London: Faber and Faber Ltd., 1952.

GREENE, Thomas. The flexibility of the self in Renaissance literature. *In*: DEMETS, P.; GREENE, T.; NELSON, L. **The disciplines of criticism. Essays in literary theory, interpretation and history.** Londres: Yale University Press, 1968.

HALKIN, L.-E. Un panfleto religioso: el elogio de la locura. *In*: HALKIN, L.-E. **Erasmo entre nosotros**. Barcelona: Herder, 1995.

HEERS, Jacques. **Festas de loucos e carnavais**. Lisboa: Publicações Dom Quixote, 1987.

HUIZINGA, J. **Erasmo**. Barcelona: Ediciones Del Zodíaco, 1946.

KLEIN, Robert. O tema do louco e a ironia humanista. *In*: KLEIN, Robert. **A forma e o inteligível**. São Paulo: Edusp, 1998.

MAGALHÃES PINTO, Fabrina. A renovação do currículo humanista: uma análise do Rationne studii e do De copia verborum ac rerum. *In*: MAGALHÃES PINTO, Fabrina. **O Discurso humanista de Erasmo: uma retórica da interioridade**. Tese (Doutorado em História Social da Cultura). Pontifícia Universidade Católica, Rio de Janeiro, 2006.

MARGOLIN, J.-Claude. Parodie et paradoxe dans l'Éloge de la Folie. *In*: MARGOLIN, J.-Claude. **Érasme, le prix des mots et de l'homme**. n. V, p. 27-57.

PICO DELLA MIRANDOLA, Giovanni. **A Dignidade do Homem**. Campo Grande: Solivros Uniderp, 1999.

PLATÃO. **A República**. 2. ed. São Paulo: Edipro, 2014.

ROTTERDAM, Erasmo de. De recta pronuntiatione. *In*: **Oeuvres choisies**: Les antibarbares; Le poignard du soldat chrétien; Poème sur la vieillesse; La méthode pour étudier; La double abondance des mots et des idées; Il faut former les enfants; Ecclesiastes; Les adages; Le nouveau testament; Annotations; Les paraphrases; Le libre arbitre; La pronunciation correcte du latin et du grec et le ciceronien. Paris: Librairie Générale Française, 1991.

ROTTERDAM, Erasmo de. **Educacion del principe cristiano**. Madri: Biblioteca de Autores Cristianos, 1995a.

ROTTERDAM, Erasmo de. **Enquiridion: manual del caballero cristiano**. Madri: Biblioteca de Autores Cristianos, 1995b.

ROTTERDAM, Erasmo de. Erasmo de Rotterdam a Martim Dorpius, Excelente Teólogo, 1515. *In*: **Correspondance d'Érasme**. Édition Intégrale, t. II, 1514-7. Bruxelas: Bruxelas University Press, 1974.

SCREECH, M. A. **Érasme, l'extase et l'éloge de la folie**. Paris, 1991.

SOBRE O AUTOR

É certo que Erasmo nasceu na passagem de 27 para 28 de outubro, em Rotterdam. Quanto ao ano de seu nascimento, os biógrafos oscilam entre 1465 e 1469. Filho de um padre com funções itinerantes, Roger Geert, e de Margared, filha de um médico de Zevenbeque. Da ligação ilícita nasceram Pieter e Erasmo, que, órfãos ainda crianças, foram colocados pelos tutores em Hertogenbosch em uma vida de claustro. Para fugir daquela situação desagradável, ambos decidiram-se pela vida religiosa. Pieter ingressou no mosteiro de Sion, e Erasmo tornou-se noviço agostiniano em Steyn, onde foi ordenado sacerdote em 1492.

A sede de libertar-se dos horizontes de Steyn leva Erasmo a conseguir sua nomeação como secretário do bispo de Cambrai. Daí a Roma, onde redige o diálogo *Antibárbaros*. Enviado a Paris para obter o título de doutor em Teologia, sente-se prisioneiro no colégio Montaigu. Nessa época, conhece Robert Gaguin e Faustus Andrelinus, mestres do Humanismo francês.

Em 1496, livra-se do colégio e se mantém por meio de aulas particulares para alunos ricos, especialmente oriundos da aristocracia inglesa. Graças à situação financeira privilegiada começa a escrever *Colóquios*, concluído em 1533, e *De como escrever cartas*.

A ridicularização dos costumes sociais e da Igreja é nítida em *O casamento e a jovem arrependida*, onde satiriza a vida conventual, enquanto chama de loucos os jovens atraídos pela carreira das armas em *Confissão do soldado* e *O soldado e os cartuxos*.

Em 1499, chega à Inglaterra pela primeira vez e conhece um ambiente rico, material e intelectualmente falando, impregnado de Humanismo. Nessa época, partilha da intimidade de John Colet e de Thomas More, a quem dedicaria o *Elogio da Loucura*. Começa a traduzir, com comentários críticos, o *Novo Testamento*, publicado em 1516.

Em 1500, deixa a Inglaterra com a renda da publicação de uma antologia de citações latinas e provérbios, chamada *Adágios*. Viaja pelos Países Baixos e pela França. Permanece algum tempo na Itália e volta à Inglaterra em 1509 quando, em razão de uma crise de cálculo renal, foi obrigado ao repouso. Nessa circunstância, distrai-se escrevendo a Thomas More o *Elogio da Loucura*.

Em 1514, transfere-se para Basileia, na Suíça, após ter redigido uma sátira contra o papa Júlio II. É na Suíça que se liga ao editor Frobênius e, trabalhando na tipografia, edita vários de seus trabalhos.

Suas posições em matéria de fé fizeram que tanto Lutero quanto o papa o quisessem ao seu lado, porém estava convencido de que ambos os lados estavam errados, negando sua adesão. Preferiu permanecer neutro e, sobretudo, livre, porque só assim entendia o homem inteligente.

Morreu em junho de 1536, sendo suas últimas obras: *A amável concórdia da Igreja* e *Comentário ao Salmo XIV*.

ELOGIO DA LOUCURA

ERASMO A THOMAS MORE, SAÚDE

Achando-me, dias atrás, de regresso da Itália à Inglaterra, a fim de não gastar todo o tempo da viagem em insípidas fábulas, preferi recrear-me, ora volvendo o espírito aos nossos comuns estudos, ora recordando os doutíssimos e ao mesmo tempo dulcíssimos amigos que deixara ao partir. E foste tu, meu caro More, o primeiro a aparecer aos meus olhos, pois que, malgrado tanta distância, eu via e falava contigo com o mesmo prazer que costumava ter em tua presença e que juro não ter experimentado maior em minha vida. Não desejando, naquele intervalo, passar por indolente, e não me parecendo as circunstâncias adequadas aos pensamentos sérios, julguei conveniente divertir-me com um elogio da Loucura. Por que essa inspiração?[1] – perguntar-me-ás. Pelo seguinte: a princípio, dominou-me essa fantasia por causa do teu gentil sobrenome, tão parecido com a *Moria*[2] quanto realmente estás longe dela e, decerto, ainda mais longe do conceito que em geral dela se faz. Em seguida, lisonjeou-me a ideia de que essa engenhosa pilhéria pudesse merecer a tua aprovação, se é verdade que divertimentos tão artificiais, não me parecendo plebeus, naturalmente, nem de todo insulsos, possam-te deleitar,[3] permitindo que, como um novo Demócrito, observes e ridicularizes os acontecimentos da vida humana.

---

1. *Quae Pallas isthuc tibi misit in mentem.* Homero introduz Palas, que vai sugerindo, a Penélope e a Ulisses, ora uma coisa, ora outra.
2. Loucura, em grego.
3. Ao subir ao cadafalso, onde devia perder a cabeça em testemunho da Verdade, Thomas More, com o mesmo ânimo intrépido e tranquilo, não podendo dar um passo por causa da

Mas assim como, pela excelência do gênio e de talentos, estás acima da maioria dos homens, assim também, pela rara suavidade do costume e pela singular afabilidade, sabes e gostas, sempre e em toda parte, de habituar-te a todos e a todos parecer amável e grato.

Por conseguinte, gostarás agora não só de aceitar de bom grado esta minha pequena arenga, como um presente do teu bom amigo, mas também de colocá-la sob o teu patrocínio, como coisa sagrada para ti e, na verdade, mais tua do que minha. Já prevejo que não faltarão detratores para insurgir-se contra ela, acusando-a de frivolidade indigna de um teólogo, de sátira indecente para a moderação cristã, em suma, clamando e cacarejando contra o fato de eu ter ressuscitado a antiga comédia[4] e, qual novo Luciano,[5] ter magoado a todos sem piedade. Mas os que se desgostarem com a ligeireza do argumento e com o seu ridículo devem ficar avisados de que não sou eu o seu autor, pois que com o seu uso se familiarizaram numerosos grandes homens. Com efeito, muitos séculos antes, Homero escreveu a sua Batraquiomaquia, Virgílio cantou o mosquito e a amoreira, e Ovídio, a nogueira; Polícrates chegou a fazer o elogio de Busíris, mais tarde impugnado e corrigido por Isócrates; Glauco enalteceu a injustiça; o filósofo Favorino louvou Tersistes e a febre quartã; Sinésio, a calvície; e Luciano, a mosca parasita; finalmente, Sêneca ridicularizou a apoteose de Cláudio, Plutarco escreveu o diálogo do grilo com Ulisses, Luciano e Apuleio falaram do burro; e um tal Grunnio Corocotta fez o testamento do porco, citado por São Jerônimo. Saibam, pois, esses censores que também, para me divertir, já joguei xadrez e montei em cavalo de pau,[6] como um menino. Na verdade, haverá maior injustiça do que, sendo permitida uma brincadeira adequada a cada idade e condição, não poder um literato pilheriar, principalmente quando a pilhéria tem um fundo de seriedade, sendo as facécias manejadas apenas como disfarce, de forma que

---

gota, disse a um dos guardas, com aquele seu mesmo estilo de bonomia: "Amigo, ajuda-me a subir, que ao descer não te darei mais incômodo".
4. Criada por Susarião de Megara. Tão desabusada que citava os nomes das pessoas, sem que a lei o proibisse. À antiga comédia sucedeu a sátira entre os latinos.
5. Luciano, retórico de Samos, autor do *Diálogo dos mortos*. Tão satírico que não perdoava aos próprios deuses. Foi por isso considerado ímpio e ateu.
6. *Equitare in arundine longa* (Horácio).

quem as lê, quando não seja um solene bobalhão, mas possua algum faro, encontre nelas ainda mais proveito do que em profundos e luminosos temas? Que dizer, então, de alguém que, com um longo discurso, depois de muito estudar e fatigar as costas, elogiasse a retórica ou a filosofia? Ou de alguém que escrevesse o elogio de um príncipe; outro, uma exortação contra os turcos; outro fizesse horóscopo e predições baseados nos planetas; outro, questões de *lana caprina*[7] e investigações futilíssimas? Portanto, assim como não há nada mais inepto do que abordar graves argumentos puerilmente, assim também é bastante agradável e plausível tratar de igual forma as pilhérias, que não têm aqui outro objetivo senão o pilheriar.

Quanto a mim, deixo que os outros julguem esta minha tagarelice; contudo, se o amor-próprio não me engana, creio ter elogiado a Loucura sem estar inteiramente louco. Quanto à imputação de sarcasmo, não deixarei de dizer que há muito tempo existe a liberdade de estilo com a qual se zomba da maneira por que vive e conversa o homem, desde que não se caia no cinismo e no veneno. Assim, pergunto se se deve estimar o que magoa, ou antes o que ensina e instrui, censurando a vida e os costumes humanos, sem pessoalmente ferir alguém. Se assim não fosse, precisaria eu mesmo fazer uma sátira a meu respeito, com todas as particularidades que atribuo aos outros. Além disso, quem se insurge em geral contra todos os aspectos da vida não deve ser inimigo de ninguém, mas unicamente do vício em toda a sua extensão e totalidade. Se houver, pois, alguém que se sinta ofendido por isso, deverá procurar descobrir as suas próprias mazelas, porque, do contrário, tornar-se-á suspeito ao mostrar receio de ser objeto da minha censura. Muito mais livre e acerbo nesse gênero literário foi São Jerônimo, que nem sequer perdoava os nomes das pessoas! Nós, porém, além de calarmos absolutamente os nomes, temperamos o estilo, de forma que o leitor honesto verá por si mesmo que o nosso propósito foi mais divertir do que magoar. Seguindo o exemplo de Juvenal, em nenhum ponto tocamos na oculta cloaca de vícios da humanidade, nem revelamos as suas torpezas e infâmias, limitando-nos a mostrar o que nos pareceu ridículo. Se, apesar de tudo, ainda houver ranzinzas e descontentes, que ao menos

---

7. *Alter rixatur de lana saepe caprina* (Horácio).

observem como é bonito e vantajoso ser acusado de Loucura. Com efeito, na boca da que trouxemos à cena e fizemos falar, foi necessário pôr os juízos e as palavras que mais se coadunam com o seu caráter. Mas para que hei de te dizer todas essas coisas, se és emérito advogado, capaz de defender egregiamente mesmo as causas menos favoráveis?

Sem mais, eloquentíssimo More, estimo que estejas são e tomes animosamente a parte de tua Loucura.

Vila, 10 de junho de 1508.

DECLARAÇÃO DE ERASMO DE ROTTERDAM

Embora os homens costumem ferir a minha reputação e eu saiba muito bem quanto o meu nome soa mal aos ouvidos dos mais tolos, orgulho-me de vos dizer que esta Loucura, sim, esta Loucura que estais vendo é a única capaz de alegrar os deuses e os mortais. A prova incontestável do que afirmo está em que não sei que súbita e desusada alegria brilhou no rosto de todos ao aparecer eu diante deste numerosíssimo auditório. De fato, erguestes logo a fronte, satisfeitos, e com tão prazenteiro e amável sorriso me aplaudistes, que na verdade todos os que distingo ao meu redor me parecem outros tantos deuses de Homero, embriagados pelo néctar com nepente[1]. No entanto, antes, estivestes sentados, tristes e inquietos, como se há pouco tivésseis saído da caverna de Trofônio[2]. Com efeito, como no instante em que surge no céu a brilhante figura do sol, ou como quando, após um rígido inverno, retorna a primavera com suas doces aragens e vemos todas as coisas tomarem logo um novo aspecto, matizando-se de novas cores, contribuindo tudo para de certo modo rejuvenescer a natureza, assim também, logo que me vistes, transformastes inteiramente as vossas fisionomias. Bastou, pois, a minha simples presença para eu obter

---

1. Erva cujo suco, misturado com vinho, desperta a alegria.
2. Trofônio, filho de Apolo, segundo a lenda, era um célebre arquiteto grego. Construiu em Lebadia, na Beócia, um templo consagrado a Apolo, no centro do qual havia uma caverna onde acreditava-se que um demônio interpretava oráculos. Como os que aí entravam para consultá-lo saíam desfigurados, surgiu o provérbio segundo o qual uma pessoa muito triste parece ter saído do antro ou da caverna de Trofônio.

o que valentes oradores mal teriam podido conseguir com um longo e longamente meditado discurso: expulsar a tristeza de vossa alma.

Se agora fazeis questão de saber por que motivo me agrada aparecer diante de vós com uma roupa tão extravagante, eu vo-lo direi em seguida, se tiverdes a gentileza de me prestar atenção; não a atenção que costumais prestar aos oradores sacros, mas a que prestais aos charlatães, aos intrujões e aos bobos das ruas, em uma palavra, a que o nosso Midas[3] prestava ao canto do deus Pã. E isso porque me agrada ser convosco um tanto sofista: não da espécie dos que hoje não fazem senão imbuir as mentes juvenis de inúteis e difíceis bagatelas, ensinando-os a discutir com uma pertinácia mais do que feminina. Ao contrário, pretendo imitar os antigos, que, evitando o infame nome de filósofos, preferiram chamar-se sofistas,[4] cuja principal cogitação consistia em elogiar os deuses e os heróis. Ireis, pois, ouvir o elogio, não de um Hércules ou de um Sólon, mas de mim mesma, isto é, da Loucura.

Para dizer a verdade, não nutro qualquer simpatia pelos sábios que consideram tolo e impudente o autoelogio. Poderão julgar que seja isso uma insensatez, mas deverão concordar que uma coisa muito decorosa é zelar pelo próprio nome.

De fato, que mais poderia convir à Loucura do que ser o arauto do próprio mérito e fazer ecoar por toda parte os seus próprios louvores? Quem poderá pintar-me com mais fidelidade do que eu mesma? Haverá, talvez, quem reconheça melhor em mim o que eu mesma não reconheço? De resto, esta minha conduta me parece muito mais modesta do que a que costuma ter a maior parte dos grandes e dos sábios do mundo. É que estes, calcando o pudor aos pés, subornam qualquer panegirista adulador, ou um poetastro tagarela, que, à custa do ouro, recita os seus elogios, que não passam, afinal, de uma rede de mentiras. E, enquanto o modestíssimo homem fica a escutá-lo, o adulador ostenta penas de pavão, levanta a crista, modula uma voz de timbre descarado comparando aos deuses o homenzinho de nada, apresentando-o

---

3. Midas, famoso rei da Frígia. Escolhido juiz para decidir quem cantava melhor, Pã ou Apolo, julgou em favor do primeiro. Apolo, irritado, colocou-lhe duas orelhas de burro na testa.
4. Antigamente, assim se chamavam os filósofos e os que professavam a verdadeira sabedoria. Em seguida, os retóricos também tiveram esse nome.

como modelo absoluto de todas as virtudes, muito embora saiba estar ele muito longe disso, enfeitando com penas não suas a desprezível gralha, esforçando-se por alvejar as peles da Etiópia, e, finalmente, fazendo de uma mosca um elefante. Assim, pois, sigo aquele conhecido provérbio que diz: *Não tens quem te elogie? Elogia-te a ti mesmo.* Não posso deixar, neste momento, de manifestar grande desprezo, não sei se pela ingratidão ou pelo fingimento dos mortais. É certo que nutrem por mim uma veneração muito grande e apreciam bastante as minhas boas ações; mas, parece incrível, desde que o mundo é mundo, nunca houve um só homem que, manifestando reconhecimento, fizesse o elogio da Loucura.

Não faltou, contudo, quem, com grande perda de azeite e de sono, exaltasse, com elogios estudadíssimos, os Busíris[5] e os Fálaris[6], a febre quartã e a mosca, a calvície e outras pestes semelhantes. Ireis, pois, ouvir de mim mesma o meu panegírico, o qual, não sendo oportuno nem estudado, será, por isso mesmo, muito mais sincero. Não julgueis que assim vos fale por ostentação de engenho, como costuma fazer a maior parte dos oradores. Estes, como bem sabeis, depois de se esfalfarem bem uns trinta anos em cima de um discurso, talvez surrupiado de outrem, são tão impudentes que procuram impingir que o fizeram, por divertimento, em três dias, ou então que o ditaram. Eu, ao contrário, sempre gostei muito de dizer tudo o que me vem, à boca.

Não espereis que, de acordo com o costume dos retóricos vulgares, eu vos dê a minha definição e muito menos a minha *divisão*. Com efeito, o que é *definir*? É encerrar *a ideia de uma coisa nos seus justos limites*. E o que é *dividir*? É separar uma coisa em suas diversas partes. Ora, nem uma nem outra me convém. Como poderia limitar-me, quando o meu poder se estende a todo o gênero humano? E como poderia dividir-me, quando tudo concorre, em geral, para sustentar a minha divindade? Além disso, por que haveria de me pintar como sombra e

---

5. Busíris, rei do Egito, filho de Netuno e de Líbia. Segundo a lenda, foi morto por Hércules, por sacrificar os forasteiros e usar para com eles de grande crueldade.
6. Fálaris, famoso tirano de Agrigento, na Sicília. Entre as suas crueldades inauditas, distingue-se a de ter mandado Perilo fazer um touro de cobre para dentro dele queimar vivos os que condenava à morte.

imagem em uma *definição* quando estou diante dos vossos olhos e me vedes em pessoa?

Sou eu mesma, como vedes; sim, sou eu aquela verdadeira *dispenseira* de bens, a que os latinos chamam *Stultitia* e os gregos, *Moria*. E que necessidade haveria de vo-lo dizer? O meu rosto já não o diz bastante? Se há alguém que desastradamente se tenha iludido, tomando-me por Minerva ou pela Sabedoria, bastará olhar-me de frente, para logo me conhecer a fundo, sem que eu me sirva das palavras, que são a imagem sincera do pensamento. Não existe em mim simulação alguma, mostrando-me eu por fora o que sou no coração. Sou sempre igual a mim mesma, de tal forma que, se alguns dos meus sequazes presumem não passar por tais, disfarçando-se sob a máscara e o nome de sábios, não serão eles mais do que macacos vestidos de púrpura, do que burros vestidos com pele de leão. Qualquer, pois, que seja o raciocínio feito para se mostrarem diferentes do que são, dois compridos orelhões descobrirão sempre o seu Midas.

Para dizer a verdade, não estou nada satisfeita com essa gente ingrata, com esses perversos velhacos, porque, embora pertençam mais do que os outros ao nosso império, não só publicamente se envergonham de usar o meu nome, como muitas vezes chegam a aplicá-lo aos outros como título oprobrioso. Portanto, sendo eles poucos e arquiloucos, embora assumam a atitude de sábios e de Tales[7], não teremos razão de chamá-los loucamente de sábios?

A esse respeito, pareceu-me igualmente oportuno imitar os retóricos dos nossos dias, que se reputam outras tantas divindades, uma vez que podem gabar-se de outras línguas como a sanguessuga[8] e consideram coisa maravilhosa inserir nos seus discursos, de cambulhada, mesmo fora de propósito, palavrinhas gregas, a fim de formarem belíssimos mosaicos. E, quando acontece que um desses oradores não conhece as línguas estrangeiras, desentranha ele de rançosos papéis quatro ou cinco vocábulos, com os quais lança poeira aos olhos do leitor, de forma que os que o entendem orgulhem-se do próprio saber, e os que não o compreendem o admirem na proporção da própria ignorância. Para

---

7. Tales, um dos sete sábios da Grécia.
8. Diz Plínio que a língua da sanguessuga é bifurcada.

nós, os tolos, um dos maiores prazeres não consistirá em admirar, com a máxima surpresa, tudo o que nos vem dos países ultramontanos? Finalmente, se houver alguns que, embora não entendendo nada desses velhos idiomas, queiram dar mostras de que os compreendem, nesse caso devem aparentar uma fisionomia satisfeita, aprovar abanando a cabeça, ou simplesmente as longas orelhas de burro, e dizer com um ar de importância: *Bravo! Bravo! Muito bem! Justamente!* Mas retomemos o fio do nosso raciocínio. Portanto, sabeis agora o meu nome, homens... Mas que epíteto poderei aplicar-vos? Sem dúvida, o de *estultíssimos*! Que vos parece? Poderia, acaso, a deusa Loucura dar epíteto mais digno aos seus adoradores, aos iniciados nos seus mistérios? Como, porém, poucos dentre vós conhecem a minha genealogia, vou procurar informar-vos a respeito com o auxílio das musas.[9]

Para dizer a verdade, não nasci nem do Caos,[10] nem do Orco, nem de Saturno, nem de Jápeto, nem de qualquer desses deuses rançosos e caducos. É Plutão, deus das riquezas, o meu Pai. Sim, Plutão (sem que o levem a mal Hesíodo, Homero e o próprio Júpiter), pai dos deuses e dos homens; Plutão, que, no presente como no passado, a um simples gesto, cria, destrói, governa todas as coisas sagradas e profanas; Plutão, por cujo talento a guerra, a paz, os impérios, os conselhos, os juízes, os comícios, os matrimônios, os tratados, as confederações, as leis, as artes, o ridículo, o sério (Ai! Não posso mais! Falta-me a respiração), concluamos, por cujo talento se regulam todos os negócios públicos e privados dos mortais; Plutão, sem cujo braço toda a turba das divindades poéticas, falemos com mais franqueza, os próprios deuses de primeira ordem[11] não existiriam, ou pelo menos passariam muito mal; Plutão, finalmente, cujo desprezo é tão terrível que a própria Palas[12] não seria capaz de proteger bastante os que o provocassem, mas cujo favor, ao contrário, é tão poderoso que quem o obtém pode rir-se de Júpiter e de suas flechas. Pois bem, é justamente esse o meu pai, de quem tanto me orgulho, pois me gerou, não do cérebro, como fez Júpiter com a torva e feroz Minerva,

---

9. Com o auxílio das musas, porque o que se segue é uma ficção poética.
10. Hesíodo, na sua *Teogonia*, faz derivar do Caos e do Orco, como deuses mais antigos, todas as outras divindades.
11. A teologia pagã admitia doze divindades primárias, superiores a todas as outras.
12. Palas, deusa da sabedoria. Defendeu Júpiter contra os gigantes.

mas de Neotetes,[13] a mais bonita e alegre ninfa do mundo. Além disso, os meus progenitores não eram ligados pelo matrimônio, nem nasci como o defeituoso Vulcano, filho da fastidiosíssima ligação de Júpiter com Juno. Sou filha do prazer e o amor livre presidiu ao meu nascimento; para falar com nosso Homero, foi Plutão dominado por um transporte de ternura amorosa. Assim, para não incorrerdes em erro, declaro-vos que já não falo daquele decrépito Plutão que nos descreveu Aristófanes, agora caduco e cego, mas de Plutão ainda robusto, cheio de calor na flor da juventude, e não só moço, mas também exaltado como nunca pelo néctar, a ponto de, em um jantar com os deuses, por extravagância, tê-lo bebido puro e a grandes goles.

Se, além disso, fazeis questão de saber ainda qual a minha pátria (uma vez que, em nossos dias, é como uma prova de nobreza notificar ao público o lugar no qual demos os nossos primeiros vagidos), ficai sabendo que não nasci nem na ilha Natante de Delos, como Apolo; nem da espuma do agitado Oceano, como Vênus; nem das escuras cavernas. Nasci nas ilhas Fortunadas, onde a natureza não tem necessidade alguma da arte. Não se sabe ali o que sejam o trabalho, a velhice, as doenças; nunca se veem, nos campos, nem asfódelo, nem malva, nem lilá, nem lúpulo, nem fava, nem outros semelhantes e desprezíveis vegetais. Ali, ao contrário, a terra produz tudo quanto possa deleitar a vista e embriagar o olfato: mólio,[14] panaceia, nepente, manjerona, ambrósia, lótus, rosas, violetas, jacintos, anêmonas. Nascida no meio de tantas delícias, não saudei a luz com o pranto, como quase todos os homens: mas quando fui parida, comecei a rir gostosamente na cara de minha mãe. Não invejo, pois, ao supremo Júpiter, o ter sido amamentado pela cabra Amalteia, pois que duas graciosíssimas ninfas me deram de mamar: Mete,[15] filha de Baco, e Apédia,[16] filha de Pã. Ainda podeis vê-las, aqui, no consórcio das outras minhas sequazes companheiras. Se, por Júpiter, também quereis saber os seus nomes, eu vo-los direi, mas somente em grego. Estais vendo esta, de olhar altivo? É *Philautia*, isto é, o amor-próprio. E esta, de olhos risonhos, que aplaude batendo

---

13. Neotetes, isto é, a juventude.
14. Erva excelente contra o veneno.
15. Mete, a Embriaguez.
16. Apédia, a Imperícia. Segundo a lenda, Pã é grosseiro e material.

palmas? É *Kolaxia*, isto é, a adulação. E a outra, de pálpebras cerradas parecendo dormir? É *Lethes*, isto é, o esquecimento. E aquela, que se acha apoiada nos cotovelos, com as mãos cruzadas? É *Misoponia*, isto é, o horror à fadiga. E esta, que tem a cabeça engrinaldada de rosas, exalando essências e perfumes? É *Hedoné*, isto é, a volúpia. E a outra, que está revirando os olhos lúbricos e incertos e parece dominada por convulsões? É *Ania*, isto é, a irreflexão. Finalmente, aquela, de pele alabastrina, gorducha e bem nutrida, é *Trophis*, isto é, a delícia. Entre essas ninfas, podeis distinguir ainda dois deuses: um é *Komo*, isto é, o riso e o prazer da mesa; o outro é *Nigreton Hypnon*, isto é, o sono profundo.

Acompanhada, pois, e servida fielmente por esse séquito de criados, estendo meu domínio sobre todas as coisas, e até os monarcas mais absolutos estão submetidos ao meu império. Já conheceis, portanto, o meu nascimento, a minha educação e a minha corte. Agora, para que ninguém julgue não haver razão para eu usurpar o nome de deusa, quero demonstrar-vos quanto sou útil aos deuses e aos homens e até onde chega o mau divino poder, desde que me presteis ouvidos com bastante atenção.

Já escreveu sensatamente alguém que ser deus consiste em favorecer os mortais. Ora, se com razão foram incluídos no rol dos deuses os que introduziram na sociedade o vinho, a cerveja e outras tantas vantagens proporcionadas ao homem, por que não serei eu proclamada e venerada como a primeira das divindades, eu, que a todos, prodigamente, dispenso sozinha tantos bens?

Antes de tudo, dizei-me: haverá no mundo coisa mais doce e mais preciosa do que a vida? E quem, mais do que eu, contribui para a concepção dos mortais? Nem a lança poderosa de Palas, nem a égide[17] do fulminante Júpiter, nada valem para produzir e propagar o gênero humano. O próprio pai dos deuses e rei dos homens, a um gesto do qual treme todo o Olimpo, faria bem em depor o seu fulminante trissulco, em deixar aquele ar terrível e majestoso com o qual aterroriza toda aquela multidão de deuses, e em apresentar-se, o pobrezinho, como bom cômico, sob uma forma inteiramente nova, quando quiser desempenhar a função, por ele já tantas vezes desempenhada, de procriar pequenos Jupíteres.

---

17. Escudo de Júpiter, feito com a pele da cabra Amalteia, que o amamentou.

Vejamos, agora, os bobalhões dos estoicos, que se reputam tão próximos e afins dos deuses. Mostrai-me apenas um, dentre eles, que, sendo mil vezes estoico, nunca tenha usado barba, distintivo da sabedoria (se bem que tal distintivo seja também comum aos bodes): precisará deixar o seu ar cheio de orgulho, assumir uns ares de fidalgo, abandonar a sua moral austera e inflexível, fazer asneiras e loucuras. Em suma, será forçoso que esse filósofo se dirija a mim e a mim se recomende, se quiser tornar-se pai.

E por que, segundo o meu costume, não hei de vos falar mais livremente? Dizei-me, por favor: serão, talvez, a cabeça, a cara, o peito, as mãos, as orelhas, partes do corpo reputadas honestas, que geram os deuses e os homens? Ora, meus senhores, eu acho que não: o instrumento propagador do gênero humano é aquela parte tão deselegante e ridícula que não se lhe pode dizer o nome sem provocar o riso. Aquela, sim, é justamente aquela a fonte sagrada de onde provêm os deuses e os mortais.

Pois bem, quem desejaria sacrificar-se ao laço matrimonial, se antes, como costumam fazer em geral os filósofos, refletisse bem nos incômodos que acompanham essa condição? Qual é a mulher que se submeteria ao dever conjugal, se todas conhecessem ou tivessem em mente as perigosas dores do parto e as penas da educação? Se, portanto, deveis a vida ao matrimônio e o matrimônio à *Irreflexão*, que é uma das minhas sequazes, avaliai quanto me deveis. Além disso, uma mulher que já passou uma vez pelos espinhos do indissolúvel laço, e que anseia por tornar a passar por eles, não o fará, talvez, em virtude da assistência da ninfa *Esquecimento*, minha cara companheira? É preciso dizer, pois, a despeito do poeta Lucrécio, e a própria Vênus não ousaria negá-lo, que sem a nossa pujança e a nossa proteção, a sua força e a sua virtude languesceriam e se desvaneceriam completamente.[18]

Foi, por conseguinte, dessa agradável brincadeira, por mim temperada com o riso, o prazer e a amorosa embriaguez, que saíram os carrancudos filósofos, agora substituídos pelos homens vulgarmente chamados frades, os purpúreos monarcas, os pios sacerdotes e os pontífices três vezes santíssimos. Finalmente, dessa brincadeira é que tam-

---

18. Lucrécio reconheceu em Vênus o princípio de toda a geração.

bém surgiu toda a turba das divindades poéticas; turba tão imensa que o céu, embora muito espaçoso, mal pôde contê-la. Mas pouco amiga seria eu da verdade, se, depois de vos provar que de mim tivestes o gérmen e o desenvolvimento da vida, não vos demonstrasse ainda que provêm da minha liberalidade todos os bens que a vida encerra. Que seria esta vida, se é que de vida merece o nome, sem os prazeres da volúpia? Oh! Oh! Vós me aplaudis? Já vejo que não há aqui qualquer insensato que não possua esse sentimento. Sois todos muito sábios, uma vez que, a meu ver, loucura é o mesmo que sabedoria. Podeis, pois, estar certos de que também os estoicos não desprezam a volúpia, embora astutamente se finjam alheios a ela e a ultrajem com mil injúrias diante do povo, a fim de que, amedrontando os outros, possam gozá-la mais frequentemente. Mas, admitindo que esses hipócritas declamem de boa-fé, dizei-me, por Júpiter, sim, dizei-me se há, acaso, um só dia na vida que não seja triste, desagradável, fastidioso, enfadonho, aborrecido, quando não é animado pela volúpia, isto é, pelo condimento da loucura. Tomo Sófocles por testemunho irrefragável, Sófocles[19] nunca bastante louvado. Oh! Nunca se me fez tanta justiça! Diz ele, para minha honra e minha glória: "Como é bom viver! Mas sem sabedoria, porque esta é o veneno da vida". Procuremos explicar essa proposição.

Todos sabem que a infância é a idade mais alegre e agradável. Mas que é que torna os meninos tão amados? Que é que nos leva a beijá-los, abraçá-los e amá-los com tanta afeição? Ao ver esses pequenos inocentes, até um inimigo se enternece e os socorre. Qual é a causa disso? É a natureza, que, procedendo com sabedoria, deu às crianças um certo ar de loucura, pelo qual elas obtêm a redução dos castigos dos seus educadores e se tornam merecedoras de afeto de quem as têm ao seu cuidado. Ama-se a primeira juventude que se sucede à infância, sente-se prazer em ser-lhe útil, iniciá-la, socorrê-la. Mas de quem recebe a meninice os seus atrativos? De quem, se não de mim, que lhe concedo a graça de ser amalucada e, por conseguinte, de gozar e de brincar? Quero que me chamem de mentirosa se não for verdade que os jovens mudam inteiramente de caráter logo que principiam a ficar homens e, orientados

---

19. Alusão a uma passagem de Sófocles: Filoxeno assoa o nariz dentro de um apetitoso manjar, para os outros ficarem com nojo e ele comê-lo sozinho.

pelas lições e pela experiência do mundo, entram na infeliz carreira da sabedoria. Vemos, então, desvanecer-se aos poucos a sua beleza, diminuir a sua vivacidade, desaparecerem aquela simplicidade e aquela candura tão apreciadas. E acaba por extinguir-se neles o natural vigor.

Por tudo isso, observai, senhores, que quanto mais o homem se afasta de mim, tanto menos goza dos bens da vida, avançando de tal maneira nesse sentido que logo chega à fastidiosa e incômoda velhice, tão insuportável para si como para os outros. E, já que falamos de velhice, não fiqueis aborrecidos se por um momento chamo para ela a vossa atenção. Oh! Como os homens seriam lastimáveis sem mim, no fim dos seus dias! Mas, tenho pena deles e estendo-lhes a mão. Não raro, as divindades poéticas socorrem piedosamente, com o divino segredo da metamorfose, os que estão prestes a morrer: Faetonte transforma-se em cisne, Alcione em pássaro etc. Também eu, até certo ponto, imito essas benéficas divindades. Quando a trôpega velhice coloca os homens à beira da sepultura, então, na medida do que sei e do que posso, eu os faço de novo meninos. De onde o provérbio: *Os velhos são duas vezes crianças.*

Perguntar-me-eis, sem dúvida, como o consigo. Da seguinte forma: levo essas caducas cabeças ao nosso Letes (porque, entre parênteses, sabeis que esse rio tem sua nascente nas ilhas Fortunadas e que um seu pequeno afluente corre nas proximidades do Averno) e faço-as beber a grandes goles a água do *Esquecimento*. E é assim que dissipam insensivelmente as suas mágoas e recuperam a juventude. Alegar-se-á, contudo, que deliram e enlouquecem: pois é isso mesmo, justamente nisso consiste o tornar a ser criança. O delírio e a loucura não serão, talvez, próprios das crianças? Que é que, a vosso ver, mais agrada nas crianças? A falta de juízo. Um menino que falasse e agisse como um adulto não seria um pequeno monstro? Pelo menos não poderíamos deixar de odiá-lo e de ter por ele certo horror. Há muitos séculos, é trivial o provérbio: *Odeio o menino de saber precoce.* Quem, por outro lado, poderia fazer negócios ou ter relações com um velho, se este aliasse a *uma* longa experiência todo o vigor do espírito e a força do discernimento?

Por conseguinte, por obra da minha bondade, o velho se torna criança, devendo-me a libertação de todas as fastidiosas aflições que atormentam o sábio. Além disso, o meu criançola não desagrada em uma roda de bebida, nem sente aversão pela vida, dificilmente suporta-da na idade robusta. Torna a soletrar, muitas vezes, as três letras daquele tolo velho a que alude Plauto: *A.M.O.* Ora, se ele fosse um pouquinho sábio, não é certo que seria o mais infeliz dos mortais? Mas, por efeito da minha bondade, uma vez isento de todo aborrecimento e inquietação, recreia os amigos e é agradável na conversação. E não vemos, em Homero, o velho Nestor falar mais doce do que o mel, enquanto o feroz Aquiles prorrompe em excessos de furor? O mesmo poeta não nos pinta alguns velhos sentados nos muros e fazendo lépidos discursos? Afirmo, pois, de acordo com esse raciocínio, que a felicidade da velhice supera a da meninice. Não se pode negar que a infância é muito feliz; mas, nessa idade, não se tem o prazer de tagarelar, de resmungar por trás de todos, como fazem os velhos, prazer que constitui o principal condimento da vida. Outra prova do meu confronto é a recíproca inclinação que se nota nos velhos e nos meninos, e o instinto que os leva a manterem entre si boas relações. Assim é que se verifica que todo *semelhante ama o seu semelhante.*

De fato, essas duas idades têm grande relação entre si, e não vejo nelas outra diferença senão as rugas da velhice e a porção de carnavais que os primeiros têm sobre a corcunda. Quanto ao mais, a brancura dos cabelos, a falta dos dentes, o abandono do corpo, o balbucio, a garrulice, as asneiras, a falta de memória, a irreflexão, em uma palavra, tudo coincide nas duas idades. Enfim, quanto mais entra na velhice, tanto mais se aproxima o homem da infância, a tal ponto que sai deste mundo como as crianças, sem desejar a vida e sem temer a morte.

Julgue-me, agora, quem quiser, e confronte o bom serviço que prestei aos homens com a metamorfose dos deuses. Não preciso recordar aqui os horríveis efeitos do seu ódio; falarei apenas dos seus benefícios. Que graças concedem eles aos que estão para morrer? Transformam um em árvore, outro em pássaro, este em cigarra, aquele em serpente etc., que são, na verdade, grandes esforços de beneficência! Chega a parecer que a passagem de um ser para o outro é o mesmo que morrer. Quanto a mim, é o homem em pessoa que eu reconduzo à idade mais bela e mais feliz. Se os mortais se abstivessem totalmente da sabedoria e só quisessem viver submetidos às minhas leis, é certo que não conheceriam a velhice e gozariam, felizes, de uma perpétua juventude.

Observai, por favor, aquelas fisionomias sombrias, aqueles rostos torturados e sem cor, mergulhados na contemplação da natureza ou em outras sérias e difíceis ocupações: parecem envelhecidos antes de terminada a juventude, e isso porque um trabalho mental assíduo, penoso, violento, profundo faz que aos poucos se esgotem os espíritos e a seiva da vida. Reparai, agora, um pouco, como os meus tolos são gordos, lúcidos e bem nutridos, ao ponto de parecerem verdadeiros porcos arcanânios.[20] Esses felizes mortais não sentiriam qualquer incômodo na velhice, se nenhum contato tivessem com os sábios. Infelizmente, porém, isso acontece. Que fazer? Vê-se claramente que o homem não nasceu para gozar aqui na terra de uma felicidade perfeita.

Tenho ainda em meu favor o importante testemunho de um famoso provérbio que diz: Só *a loucura tem a virtude de prolongar a juventude, embora fugacíssima, e de retardar bastante a malfadada velhice.* Compreende-se, pois, o que em geral se diz dos belgas; ao passo que em todos os outros homens a prudência cresce na proporção dos anos, neles, ao contrário, a loucura está na proporção da velhice. Pode-se dizer, portanto, que não há no mundo nenhuma nação mais jovial nem mais alegre do que essa, no comércio da vida, nem que sinta menos o aborrecimento dos anos. Citemos, porém, além dos belgas, os povos que vivem sob o mesmo clima e cujos costumes são quase os mesmos: quero referir-me aos meus holandeses, que eu posso gabar-me de ter entre os meus fiéis adoradores. Nutrem por mim tanto afeto e tanto zelo que foram julgados dignos de um epíteto derivado do meu nome e, muito longe de se envergonharem, consideram-no sua glória principal.

Invoquem tudo isso os estultíssimos mortais, invoquem Ciroe, Medeia, Vênus, a Aurora, e procurem também aquela não sei que fonte que tem a virtude de rejuvenescer, virtude que somente eu, contudo, posso e costumo praticar. Só eu possuo o elixir admirável com o qual a filha de Memnão prolongou a juventude de Titão, seu avô. Eu sou a Vênus, cujo favor rejuvenesceu Faão, por quem Safo andou perdidamente apaixonada. São minhas aquelas ervas, se é que existem, meus aqueles encantamentos, minha aquela fonte, que não só restituem a passada juventude, mas, o que é mais desejável, a tornar perpétua. Se,

---

20. Para Acarnânia, cidade não muito distante de Siracusa, na Sicília, iam os porcos de raça mais apurada.

portanto, concordais em que não há nada mais precioso do que a juventude e mais detestável do que a velhice, posso concluir que reconheceis a dívida que tendes para comigo, sim, para comigo, pois que, para vos tornar felizes, sei prolongar tamanho bem e retardar um mal tão grande. Mas por que falar ainda mais dos mortais? Percorrei todo o céu, analisai todas as divindades: ficarei satisfeita por me insultarem com o belo nome que tenho a honra de trazer, se for encontrada uma só divindade que não deva exclusivamente a mim todo o seu poder. Por favor: por que Baco tem sempre, como um rapazinho, o rosto rubicundo e a longa cabeleira loura? É porque passa a vida fora de si, embriagado nos banquetes, nos bailes, nas festas, nos folguedos, recusando qualquer relação com Minerva. E tão alheio é à ambição de trazer o nome de sábio, que gosta de ser venerado com escárnios e zombarias. Nem mesmo se ofende com o provérbio que lhe dá o sobrenome de *Ridículo*, sobrenome que mereceu porque, sentado à porta do templo, e divertindo-se os camponeses em emporcalhá-lo de mosto e de figos frescos, ele se ria de arrebentar os queixos. E quantos golpes satíricos não desferiu contra esse deus a Comédia Antiga? – O estólido, o insulso deus! – exclamava-se. – Digno de haver nascido da coxa de Júpiter![21] – Mas, dizei-me sem simulação: quem de vós, a ser esse deus, estólido e insulso, mas sempre alegre, sempre jovem, sempre feliz, sempre motivo de prazer e alegria gerais, preferiria ser aquele Júpiter simulador, terror do mundo inteiro, ou o velho Pã, que com o seu barulho espalha terrores pânicos, ou o defeituoso Vulcano, todo enfumarado e cansado do estafante trabalho, ou a própria Palas, terrível pela lança e pela cabeça de Medusa, e que a todos encara com um olhar feroz?

Passemos a outras divindades. Sabeis por que Cupido se conserva sempre moço? É porque só se ocupa com bagatelas, porque está sempre brincando e rindo, sem juízo e sem reflexão alguma, correndo puerilmente de um lado para outro, sem saber ao menos o que se faz ou o que se diz. Por que a áurea Vênus mantém sempre florida a sua beleza? Não o sabeis? É porque é minha parente próxima, conservando sempre no rosto a áurea cor de meu pai Plutão. Além disso, se devemos prestar fé aos poetas e aos seus rivais, os escultores, essa deusa aparece sempre

---

21. Atribuíam-se a Baco dois nascimentos: um, materno; outro, da coxa de Júpiter.

com uma expressão risonha e satisfeita, sendo com razão chamada por Homero de *áurea Vênus*. E Flora, mãe das delícias, não era, talvez, um dos principais objetos da religião dos romanos? Das divindades dos prazeres já falamos bastante. Fazeis questão, agora, de conhecer a vida dos deuses tétricos e melancólicos? Interrogai Homero e os outros poetas, e eles poderão dizer-vos, a esse respeito, belíssimas coisas, fazendo-vos ver que os deuses são pelo menos tão loucos quanto os mortais. Júpiter deixa os seus raios, abandona as rédeas do universo, para entregar-se aos amores, o que para vós não constitui novidade. Esquece o seu sexo a altiva e inacessível Diana, para consagrar-se inteiramente à caça, o que não a impede que se apaixone loucamente por seu ardoroso Endimião, a ponto de se dar, muitas vezes, ao incômodo de descer do céu, em forma de Lua, para cumulá-lo com seus favores. Mas prefiro que as suas indecências sejam reprovadas por Momo[22], cujas censuras são eles os únicos a ouvir. Foi, pois, bem feito que os deuses, enraivecidos, o precipitassem à terra juntamente a Ate[23], porque, importuno com a sua sabedoria, ele perturbava sua felicidade. E, longe de encontrar acolhimento nos paços monárquicos, não acha uma alma que lhe preste hospitalidade em seu exílio, ao passo que a *Adulação*, minha companheira, ocupa sempre o primeiro lugar, essa mesma *Adulação* que sempre esteve de acordo com Momo como o lobo com o cordeiro.

E assim, livres da importuna censura de Momo, os deuses se entregaram com maior liberdade e alegria a toda sorte de prazeres. Com efeito, quantas palavras chistosas não pronuncia aquele Priapo de uma figa? Quanto não faz rir Mercúrio com suas ladroeiras e seus feitiços? Que não faz Vulcano[24] nos banquetes dos deuses? Põe-se a correr para chamar a atenção sobre o seu andar claudicante, brinca, diz asneiras, em suma, faz tudo para tornar o banquete alegre. E que direi daquele velho imbecil que se apaixonou por Silene e gosta de dançar com Polifemo e com as ninfas? E daqueles sátiros semícapros que em suas danças praticam cem atos imodestíssimos? Pã provoca o riso dos deuses com suas

---

22. Momo, filho do Sono e da Noite; deus ocioso, que censura os outros deuses.
23. Ate, a Discórdia.
24. Diz Homero que Vulcano serve a mesa nos banquetes, faz os deuses rirem com o seu andar claudicante, serve o néctar à sua mãe e diz coisas engraçadas para reconciliá-la com Júpiter, seu pai.

insípidas cantilenas: eles o escutam com grande atenção e preferem cem vezes a sua música à das musas, principalmente quando os vapores do néctar principiam a perturbar-lhes a cabeça. Mas por que não hei de recordar as extravagâncias que fazem as divindades depois dos banquetes, sobretudo depois de terem bebido muito? Asseguro-vos, por Deus, que, embora eu seja a Loucura e esteja, por conseguinte, habituada a toda espécie de extravagâncias, muitas vezes não consigo conter o riso. Mas é melhor que me cale, porque, se algum deus desconfiado e prevenido me escutasse, também eu poderia ter a mesma sorte de Momo.

Mas já é tempo de, seguindo o exemplo de Homero, passarmos alternadamente, dos habitantes do céu aos da terra, onde nada se descobre de feliz e de alegre que não seja obra minha.

Primeiro, vós bem vedes com que providência a natureza, esta mãe produtora do gênero humano, dispôs que em coisa alguma faltasse o condimento da loucura. Segundo a definição dos estoicos, sábio é aquele que vive de acordo com as regras da razão, e louco, ao contrário, é o que se deixa arrastar ao sabor de suas paixões. Eis por que Júpiter, com receio de que a vida do homem se tornasse triste e infeliz, achou conveniente aumentar muito mais a dose das paixões que a da razão, de forma que a diferença entre ambas é pelo menos de um para vinte e quatro. Além disso, relegou a razão para um estreito cantinho da cabeça, deixando todo o restante do corpo presa das desordens e da confusão. Depois, ainda não satisfeito com isso, uniu Júpiter à razão, que está sozinha, duas fortíssimas paixões, que são como dois impetuosíssimos tiranos: uma é a Cólera, que domina o coração, centro das vísceras e fonte da vida; a outra é a Concupiscência, que estende o seu império desde a mais tenra juventude até a idade mais madura. Quanto ao que pode a razão contra esses dois tiranos, demonstra-o bem a conduta normal dos homens. Prescreve os deveres da honestidade, grita contra os vícios a ponto de ficar rouca, e é tudo o que pode fazer; mas os vícios riem-se de sua rainha, gritam ainda mais forte e mais imperiosamente do que ela, até que a pobre soberana, não tendo mais fôlego, é constrangida a ceder e a concordar com os seus rivais.

De resto, tendo o homem nascido para o manejo e a administração dos negócios, era justo aumentar um pouco, para esse fim, a sua pequeníssima dose de razão, mas, querendo Júpiter prevenir melhor esse inconveniente, achou de me consultar a respeito, como, aliás, costuma fazer quanto ao restante. Dei-lhe uma opinião verdadeiramente digna de mim: "– Senhor" – disse-lhe eu –, "dá uma mulher ao homem, porque, embora seja a mulher um animal inepto e estúpido, não deixa contudo de ser mais alegre e suave, e, vivendo familiarmente com o homem, saberá temperar com sua loucura o humor áspero e triste deste.".

Quando Plutão pareceu hesitar se devia incluir a mulher no gênero dos animais racionais ou no dos brutos, não quis com isso significar que a mulher fosse um verdadeiro bicho, mas pretendeu, ao contrário, exprimir com essa dúvida a imensa dose de loucura do querido animal. Se, porventura, alguma mulher meter na cabeça a ideia de passar por sábia, só fará mostrar-se duplamente louca, procedendo mais ou menos como quem tentasse untar um boi, malgrado seu, com o mesmo óleo com que costumam ungir-se os atletas. Acreditai-me, pois, que todo aquele que, agindo contra a natureza, se cobre com o manto da virtude, ou afeta uma falsa inclinação ou não faz senão multiplicar os próprios defeitos. E isso porque, segundo o provérbio dos gregos, o *macaco é sempre macaco, mesmo vestido de púrpura*. Assim também a mulher é sempre mulher, isto é, sempre louca, seja qual for a máscara sob a qual se apresente.

Não quero, todavia, acreditar jamais que o belo sexo seja tolo ao ponto de se aborrecer comigo pelo que eu lhe disse, pois também sou mulher, e sou a Loucura. Ao contrário, tenho a impressão de que nada pode honrar tanto as mulheres como o associá-las à minha glória, de forma que, se julgarem direito as coisas, espero que saibam agradecer-me o fato de eu tê-las tornado mais felizes do que os homens.

Antes de tudo, têm elas o atrativo da beleza, que com razão preferem a todas as outras coisas, pois é graças a esta que exercem uma absoluta tirania mesmo sobre os mais bárbaros tiranos. Sabereis de que provém aquele feio aspecto, aquela pele híspida, aquela barba cerrada, que muitas vezes fazem parecer velho um homem que se acha ainda na flor dos anos? Eu vo-lo direi: provém do maldito vício da prudência, do qual são privadas as mulheres, que por isso conservam sempre a frescura da face, a sutileza da voz, a maciez da carne, parecendo não acabar nunca, para elas, a flor da juventude. Além disso, que outra preocupação têm as mulheres a não ser a de proporcionar aos homens o maior prazer possível? Não será essa a única razão dos enfeites, do carmim, dos banhos, dos penteados, dos perfumes, das essências aromáticas e de tantos outros artifícios e modas sempre diferentes de se vestir e disfarçar os defeitos, realçando a graça do rosto, dos olhos, da cor? Quereis prova mais evidente de que só a loucura constitui o ascendente das mulheres sobre os homens? Os homens tudo concedem às mulheres por causa da volúpia e, por conseguinte, é só com a loucura que as mulheres agradam aos homens. Para confirmar ainda mais essa conclusão, basta refletir nas tolices que se dizem, nas loucuras que se fazem com as mulheres, quando se anseia por extinguir o fogo do amor.

Já vos revelei, portanto, a fonte do primeiro e supremo prazer da vida. Concordo que existam alguns (sobretudo certos velhos mais bebedores que mulherengos) cujo supremo prazer não seja a devassidão. Deixo indecisa a questão de saber se é possível um bom banquete sem mulheres. O que é certo é que mesa alguma nos pode agradar sem o condimento da loucura. E tanto isso é verdade que, quando nenhum dos convidados se julga maluco ou, pelo menos, não finge sê-lo, é pago um bobo, ou convidado um engraçado filante que, com suas piadas, suas brincadeiras, suas bobagens, expulse da mesa o silêncio e a melancolia. Com efeito, que nos adiantaria encher o estômago com tão suntuosas, esquisitas e apetitosas iguarias, se os olhos, os ouvidos, o espírito e o coração não se nutrissem também de diversões, risadas e agradáveis conceitos? Ora, sou eu a inventora exclusiva de tais delícias. Teriam sido, porventura, os sete sábios da Grécia os descobridores de todos os prazeres de um banquete, como sejam tirar a sorte para se saber quem deve ser o rei da mesa, jogar dado, beberem todos no mesmo copo, cantar um de cada vez com o ramo de murta na mão,[25] dançar, pular, ficar em várias atitudes? Decerto que não: somente eu podia inventá-los, para a felicidade do gênero humano. Todas as coisas são de tal natureza que, quanto mais abundante é a dose de loucura que encerram, tanto maior é o bem que proporcionam aos mortais. Sem alegria, a vida humana nem sequer merece o nome de vida. Mergulha-

---

25. Cantar com um ramo de murta na mão era um costume dos antigos: o primeiro a cantar pegava um ramo de murta e, ao terminar, entregava-o ao vizinho, que fazia o mesmo, e assim até ao último convidado.

ríamos na tristeza todos os nossos dias, se com essa espécie de prazeres não dissipássemos o tédio que parece ter nascido conosco.

Talvez haja pessoas que, à falta de tais passatempos, limitem toda a sua felicidade às relações com verdadeiros amigos, repetindo sem cessar que a doçura de uma terna e fiel amizade ultrapassa todos os outros prazeres, sendo tão necessária à vida como o ar, a água, o fogo. Tão agradável é a amizade, acrescentam, que afastá-la do mundo equivaleria a afastar o sol; em suma, é ela tão honesta (vocábulo sem significado para mim) que os próprios filósofos não hesitam em incluí-la entre os principais bens da vida. Mas, que se dirá quando eu provar que sou também a única fonte criadora de semelhante bem? Vou, pois, demonstrá-lo, não com sofismas, nem com caprichosos argumentos tão ao gosto de retóricos, mas à boa maneira e com toda a clareza.

Coragem, vamos! Dissimular, enganar, fingir, fechar os olhos aos defeitos dos amigos, ao ponto de apreciar e admirar grandes vícios como grandes virtudes, não será, acaso, avizinhar-se da loucura? Beijar, em um transporte, uma verruga da amiga, ou sentir com prazer o fedor do seu nariz, e pretender um pai que o filho zarolho tenha dois olhos de Vênus,[26] não será isso uma verdadeira loucura? Bradem, pois, quanto quiserem, ser uma grande loucura, e acrescentarei que essa loucura é a única que cria e conserva a amizade. Falo aqui unicamente dos homens, dos quais não há um só que tenha nascido sem defeitos, e admitindo que, para nós, o homem melhor seja o que tem menores vícios. É por isso que os sábios, pretendendo divinizar-se com sua filosofia, ou não contraem amizade alguma ou tornam a sua uma ligação áspera e desagradável. Além disso, só costumam gostar sinceramente de raríssimas pessoas, de forma que nenhum escrúpulo me impede de asseverar que não gostam absolutamente de ninguém, pela razão que vou apresentar. Quase todos os homens são loucos; mas por que quase todos? Não há quem não faça suas loucuras e, a esse respeito, por conseguinte, todos se assemelham; ora, a semelhança é justamente o principal fundamento de toda estreita amizade.

Quando, porventura, nasce entre esses austeros filósofos uma recíproca benevolência, decerto que não é sincera nem durável. Todos eles

---

26. Costumava-se pintar Vênus com os olhos um pouco estrábicos, para despertar o amor e o desejo, e porque o estrabismo de certas mulheres não passa de pura afetação.

são de humor volúvel e intratável, além de serem penetrantes demais: têm olhos de lince para descobrir os defeitos dos amigos, e de toupeira para ver os próprios. Portanto, como os homens estão sujeitos a muitas imperfeições (e podeis acrescentar a estas a diferença de idade e de inclinações, os numerosos erros, passos em falso e vicissitudes da vida humana), como poderia por um só instante subsistir entre esses Argos o laço de amizade, se a *euétheia*, como a chamam os gregos, que em latim equivale a estupidez ou conivência, não o reforçasse? Não traz Cupido, esse autor, esse pai de toda ternura, uma venda nos olhos, que lhe faz confundir o belo com o feio? Não é ele, porventura, que faz cada um achar belo o que é seu, de forma que o velho é tão apaixonado por sua velha quanto o jovem por sua donzela? Essas coisas se verificam em toda parte, mas em toda parte são motivo de riso. Pois são justamente essas coisas ridículas que formam o principal laço da sociedade e que, mais do que tudo, contribuem para a alegria da vida.

    O que dissemos da amizade também pensamos e com mais razão dizemos do matrimônio. Trata-se (como deveis estar fartos de saber) de um laço que só pode ser dissolvido pela morte. Deuses eternos! Quantos divórcios não se verificariam, ou coisas ainda piores do que o divórcio, se a união do homem com a mulher não se apoiasse, não fosse alimentada pela adulação, pelas carícias, pela complacência, pela volúpia, pela simulação, em suma, por todas as minhas sequazes e auxiliares? Ah! Como seriam poucos os matrimônios se o noivo prudentemente investigasse a vida e os segredos de sua futura cara-metade, que lhe parece o retrato da discrição, da pudicícia e da simplicidade! Ainda menos numerosos seriam os matrimônios duráveis se os maridos, por interesse, por complacência ou por burrice, não ignorassem a vida secreta de suas esposas. Costuma-se achar isso uma loucura, e com razão; mas é justamente essa loucura que torna o esposo querido da mulher, e a mulher, do esposo, mantendo a paz doméstica e a unidade da família. Corneia-se um marido? Toda a gente ri e o chama de corno, enquanto o bom homem, todo atencioso, fica a consolar a cara-metade e enxugar com seus ternos beijos as lágrimas fingidas da mulher adúltera. Pois não é melhor ser enganado dessa forma do que se roer de bílis, fazer barulho, pôr tudo de pernas para o ar, ficar furioso, abandonando-se a um ciúme funesto e inútil? Afinal de contas, nenhuma sociedade, nenhuma união grata e durável poderia existir na vida sem a minha intervenção: o povo não suportaria por muito tempo o príncipe, nem o patrão o servo, nem a patroa a criada, nem o professor o aluno, nem o amigo o amigo, nem o marido a mulher, nem o hospedeiro o hóspede, nem o senhorio o inquilino etc., se não se enganassem reciprocamente, não se adulassem, não fossem prudentemente cúmplices, temperando tudo com um grãozinho de loucura. Não duvido de que tudo o que até agora vos disse vos tenha parecido da máxima importância. E de que duvida a Loucura? Mas muitas outras coisas deveis ainda escutar de mim. Redobrai, pois, vossa gentil atenção.

Dizei-me por obséquio: um homem que odeia a si mesmo poderá, acaso, amar alguém? Um homem que discorda de si mesmo poderá, acaso, concordar com outro? Poderá ser capaz de inspirar alegria aos outros quem tem em si mesmo a aflição e o tédio? Só um louco, mais louco ainda do que a própria Loucura, admitireis que possa sustentar a afirmativa de tal opinião. Ora, se me excluirdes da sociedade, não só o homem se tornará intolerável ao homem, como também, toda vez que olhar para dentro de si, não poderá deixar de experimentar o desgosto de ser o que é, de se achar aos próprios olhos imundo e disforme, e, por conseguinte, de odiar a si mesmo. A natureza, que em muitas coisas é mais madrasta do que mãe, imprimiu nos homens, sobretudo nos mais sensatos, uma fatal inclinação no sentido de cada qual não se contentar com o que tem, admirando e almejando o que não possui: daí o fato de todos os bens, todos os prazeres, todas as belezas da vida se corromperem e se reduzirem a nada. Que adianta um rosto bonito, que é o melhor presente que podem fazer os deuses imortais, quando contaminado pelo mau cheiro? De que serve a juventude, quando corrompida pelo veneno de uma hipocondria senil? Como, finalmente, podereis agir em todos os deveres da vida, quer no que diz respeito aos outros, quer a vós mesmos – como, repito, podereis agir com decoro (pois agir com decoro constitui o artifício e a base principal de toda ação), se não fordes auxiliados por esse amor-próprio que vedes à minha direita e que merecidamente me faz às vezes de irmão, não hesitando em tomar sempre o meu partido em qualquer desavença? Vivendo sob a sua proteção, ficais encantados pela excelência do vosso mérito e vos apaixonais por vossas exímias qualidades, o que vos proporciona a vantagem de alcançardes o supremo grau de loucura. Mais uma vez repito: se vos desgostais de vós mesmos, persuadidos de que nada podereis, fazer de belo, de gracioso, de decente. Roubada à vida essa alma, languesce o orador em sua declamação, inspira piedade o músico com suas notas e seu compasso, ver-se-á o cômico vaiado em seu papel, provocarão o riso o poeta e as suas musas, o melhor pintor não conquistará senão críticas e desprezo, morrerá de fome o médico com todas as suas receitas, em suma Nereu[27] aparecerá como Tersistes, Faão como Nestor, Minerva como uma porca, o eloquente como um menino, o civilizado como um bronco. Portanto, é necessário que cada qual lisonjeie e adule a si mesmo, fazendo a si mesmo uma boa coleção de elogios, em lugar de ambicionar os de outrem. Finalmente, a felicidade consiste, sobretudo, em querer ser o que se é. Ora, só o divino *amor-próprio* pode conceder tamanho bem. Em virtude do *amor-próprio*, cada qual está contente com seu aspecto, com seu talento, com sua família, com seu emprego, com sua profissão, com seu país, de forma que nem os irlandeses desejariam ser italianos, nem os trácios, atenienses, nem os citas, habitantes das ilhas Fortunadas. Oh! Surpreendente providência da natureza! Em meio a uma infinita variedade de coisas, ela soube pôr tudo no mesmo nível. E, se não se mostrou avara na concessão de dons aos seus filhos, mais pródiga se revelou ainda ao conceder-lhes o amor-próprio. Que direi dos seus dons? É uma pergunta tola. Com efeito, não será o amor-próprio o maior de todos os bens?

Mas, para vos mostrar que tudo quanto entre os homens existe de célebre, estupendo, glorioso, é tudo obra minha, quero começar pela guerra. Não se pode negar que essa grande arte seja a fonte e o fruto das mais estrepitosas ações. No entanto, que coisa se poderia imaginar de mais estúpido que a guerra? Dois exércitos se batem (sabe Deus por que motivo) e da sua animosidade obtém muito mais prejuízo do que vantagem. Os que morrem inutilmente na guerra são incontáveis como os megareses.[28] Além disso, dizei-me: que serviço poderiam prestar os sábios, quando os exércitos se estendem em ordem de combate e

---

27. Segundo Homero, Nereu era o mais belo dentre os que cercavam Troia, e Tersites, o mais disforme. – Faão foi rejuvenescido por Vênus, o que fez Safo apaixonar-se perdidamente por ele. – Nestor viveu três séculos.
28. Provérbio de Teócrito, inspirado pela resposta do Oráculo, segundo a qual os megareses eram incontáveis.

reboam no espaço o rouco som das cometas e o rufar dos tambores, ao passo que eles, definhados pelo estudo e pela meditação, arrastam com dificuldade uma vida que se tornou enferma pelo pouco sangue, frio e sutil, que lhes circula nas veias?[29] São necessários homens troncudos e grosseiros, robustos e audazes, mas de pouquíssimo talento, sim, são necessárias justamente semelhantes máquinas para o mister das armas.

Quem poderá conter o riso ao ver Demóstenes fardado, para que, segundo o sábio conselho de Arquíloco,[30] mal aviste inimigo, jogue fora o escudo e se ponha a correr sem parar, pouco lhe importando que se revele, assim, um soldado tão covarde quanto excelente orador?

Podereis dizer-me que a guerra exige grande prudência. Concordo convosco, mas somente quanto aos generais e feita a ressalva de que se trata apenas de uma prudência toda especial, relativa ao mister das armas e que nenhuma relação tem com a sabedoria filosófica. É por isso que os parasitas, os proxenetas, os ladrões, os sicários, os boçais, os estúpidos, os falidos e, em geral, toda a escória social podem aspirar muito mais à imortalidade da guerra do que os homens que vivem dia e noite absorvidos na contemplação. Quereis um grande exemplo da inutilidade desses filósofos? Tomai o incomparável Sócrates, declarado pelo oráculo de Apolo como o primeiro e único sábio. Estúpida declaração! Mas não importa: não sabendo eu o que tenha esse filósofo empreendido em benefício público, deveis deixá-la abandonada ao escárnio universal. É que esse homem não era de todo louco, tendo embora recusado constantemente o título de sábio e respondido que semelhante título só era conveniente à divindade. Era também de opinião que qualquer que desejasse passar por sábio devia abster-se totalmente do regime da república. Se, porém, tivesse acrescentado que quem deseja ser tido em conta de homem deve abster-se de tudo o que se chama sabedoria, então eu teria concebido a seu respeito alguma opinião favorável. Mas, afinal de contas, por que é que esse grande homem foi acusado perante os magistrados? Por que foi ele condenado

---

29. Diz Aristóteles que a efervescência e a densidade do sangue é que produzem a força, a audácia e a estupidez dos homens; ao contrário, a sutileza e a frieza produzem a fraqueza, a pusilanimidade e o talento.

30. Os espartanos baniram Arquíloco, por ele se gabar, convencido do seu "mérito" de ter abandonado o escudo para fugir mais depressa.

a beber cicuta? Não teria sido, talvez, a sua sabedoria a causa de todos os seus males e, finalmente, de sua morte? Tendo passado toda a vida a raciocinar em torno das nuvens e das ideias, ocupando-se em medir o pé de uma pulga e se perdendo em admirar o zumbido do pernilongo, descuidou-se esse filósofo do estudo e do conhecimento dos homens, bem como da arte sumamente necessária de se adaptar a eles. Aí tendes, nesse retrato, o que também diz respeito a muitos dos nossos. Platão, que foi discípulo de Sócrates, ao ver o mestre ameaçado do último suplício, empenhou-se em tratar a sua causa como valente defensor, abriu a boca para realizar o seu digno papel, mas, perturbado pelo barulho da assembleia, perdeu-se na metade do primeiro período. Que direi de Teofrasto, discípulo de Aristóteles, que mereceu tal nome por sua eloquência? Ao pretender falar ao povo, perdeu a voz, de tal forma que se diria "ter visto o lobo". Pergunto, agora, se esses homens seriam capazes de encorajar os soldados. Isócrates, que sabia compor tão belas orações, desejou, acaso, falar em público? O próprio Cícero, pai da eloquência romana, costumava tremer e gaguejar como um menino no início de suas orações. É verdade que Fábio interpreta essa timidez como o traço distintivo do orador penetrante e que conhece o perigo a que se acha exposto; mas esse simples fato não será a confissão de que a filosofia é absolutamente incompatível com os negócios públicos? Como, pois, poderiam esses sábios sustentar o ferro e o fogo da guerra, se morrem de medo toda vez que não se trata de combater apenas com a língua?

E, depois de tudo quanto dissemos, será possível decantar a célebre máxima de Platão, segundo a qual "as repúblicas seriam felizes se governadas pelos filósofos ou se os príncipes filosofassem"? Tenho a honra de vos dizer que a coisa é justamente o oposto. Se consultardes os historiadores, verificareis, sem dúvida, que os príncipes mais nocivos à República foram os que amaram as letras e a filosofia. Parece-me que os dois Catões[31] bastam como prova do que afirmo: um perturbou a tranquilidade de Roma com numerosas delegações estúpidas, e o outro, por ter querido defender com excessiva sabedoria os interesses da República, destruindo pela base a liberdade do povo romano. Acres-

---

31. Catão, o Censor, acusado quarenta vezes, foi sempre absolvido. Apesar disso, foi o autor de mais de setenta condenações. – Catão de Útica foi obstinado opositor de César.

centai a estes os Brutos, os Cássios, os Gracos e o próprio Cícero,[32] que não causou menor dano à República de Roma do que Demóstenes à de Atenas.[33] Quero lembrar que Antonino foi um bom príncipe, embora haja fortes indícios em contrário e justamente porque, tendo sido excessivamente filósofo, acabou tornando-se importuno e odioso aos cidadãos; mas, ao lembrar que foi bom, devo recordar, sem me contradizer, que foi ainda mais nocivo ao império, por ter deixado como sucessor o seu filho Cômodo, o qual favoreceu com sua administração. Os homens que se consagram ao estudo da ciência são, em geral, infelicíssimos em tudo, sobretudo com os filhos. Suponho que isso provenha de uma precaução da natureza, que dessa forma procura impedir que a peste da sabedoria se difunda em excesso entre os mortais. O filho de Cícero degenerou e, quanto aos dois filhos do sábio Sócrates, mais se pareciam com a mãe do que com o pai, isto é, como foi acertadamente interpretado por alguém, eram ambos idiotas.

Isso não seria nada se esses filósofos só fossem incapazes de exercer os cargos e empregos públicos; o pior, porém, é que estão longe de ser melhores para as funções e os deveres da vida. Convidai um sábio para um banquete, e vereis que ou conservará um profundo silêncio ou interromperá os demais convidados com frívolas e importunas perguntas. Convidai-o para um baile, e dançará com a agilidade de um camelo. Levai-o a um espetáculo, e bastará o seu aspecto para impedir que o povo se divirta. Por se ter recusado obstinadamente a abandonar sua imponente gravidade, é que o sábio Catão[34] foi constrangido a retirar-se. Entra o sábio em alguma palestra alegre? Logo todos se calam, como se tivessem visto o lobo. Trata-se, porém, de comprar, de vender, de concluir um contrato, em suma, de fazer uma dessas coisas que diariamente sucedem a cada um? Tomareis o sábio mais por uma

---

32. Bruto e Cássio foram chamados "os últimos romanos". Depois de matarem César, foram vencidos e se suicidaram. – Tibério e Caio Graco, ambos eloquentes, ambos sediciosos, acabaram morrendo em um conflito. – Cícero combateu Marco Antônio e Demóstenes adversou Filipe.

33. Cícero levou Antônio a destruir a República romana, e Demóstenes, os atenienses a fazer a guerra contra Filipe, com funestos resultados.

34. Estando Catão presente aos jogos florais, não quiseram os atores iniciá-los, porque as mulheres dançavam nuas e os homens formavam grupos lascivos. Exigiram-lhe, então, que deixasse o seu ar da gravidade ou se retirasse. Catão escolheu a segunda opção.

estátua do que por um homem, a tal ponto se mostra ele embaraçado em cada negócio. Assim, o filósofo não é bom, nem para si, nem para o seu país, nem para os seus. Mostrando-se sempre novo no mundo, em oposição às opiniões e aos costumes da universalidade dos cidadãos, atrai o ódio de todos com sua diferença de sentimentos e de maneiras. Tudo o que fazem os homens está cheio de loucura. São loucos tratando com loucos. Por conseguinte, se houver uma única cabeça que pretenda opor obstáculo à torrente da multidão, só lhe posso dar um conselho: que, a exemplo de Timão,[35] retire-se para um deserto, a fim de aí gozar à vontade dos frutos de sua sabedoria.

Mas, voltando ao assunto: que virtude, que poder já reuniu, no recinto de uma cidade, homens naturalmente rudes, indômitos e selvagens? Quem já pôde humanizar esses ferozes animais? A adulação. Nesse sentido é que se devem entender a fábula de Anfião[36] e a cítara de Orfeu. Quem reanimou e reuniu a plebe romana, quando ameaçava dissolver-se? Foi, acaso, uma oração filosófica? Decerto que não: foi um ridículo, um pueril apólogo sobre a revolta dos membros contra o estômago.[37] Temístocles produziu o mesmo efeito com o seu apólogo da raposa e do ouriço.[38] Empregue, pois, o sábio os mais tolos conceitos da filosofia, e jamais triunfará como um Sertório[39] com

---

35. Escandalizado com os costumes dos seus concidadãos, esse filósofo se retirou para um deserto, rompendo toda a ligação com os homens.
36. Segundo a lenda, quando Anfião cantava, as pedras transformavam-se em muralha. Com sua cítara, Orfeu fazia correrem atrás de si as pedras, as plantas e os animais.
37. Achando-se o povo romano cheio de dívidas e oprimido pela crueldade dos patrícios, os plebeus fugiram de Roma e foram acampar no Monte Sacro. O Senado enviou-lhes, então, Menênio Agripa que, como orador, devia induzi-los a voltar. Menênio conseguiu-o com o seguinte apólogo: "Os membros" – disse ele – "insurgiram-se, uma vez, contra o estômago, acusando-o de explorar o seu trabalho, sem nada fazer para eles. Em seguida, recusaram-se a prestar-lhe o habitual auxílio. E logo caíram em uma fraqueza mortal, reconhecendo então o seu erro.".
38. Estando o povo ateniense indignado com a avareza dos magistrados, Temístocles contou que uma raposa picada pelas moscas agradeceu ao ouriço que se ofereceu para coçá-la, dizendo-lhe que o remédio seria pior do que o mal.
39. Plutarco, em *Vida de Sertório*, conta que esse general enganou os espanhóis declarando-lhes que Diana lhe dera de presente uma corça muito bonita que lhe revelava todas as coisas. O mesmo Sertório, na guerra contra Pompeu, quis mostrar a um bando de bárbaros que vale mais o engenho do que a força. Mandou vir dois cavalos, um velho e muito magro, e o outro fogoso; depois, mandou que um homem robusto arrancasse a cauda

sua imaginária corça ou o engraçado ardil da cauda dos dois cavalos. Não alcançará nunca o seu objetivo como o alcançaram os dois cães do célebre legislador de Esparta.[40] Já não falo de Minos nem de Numa,[41] que por meio de fabulosas invenções souberam tirar proveito da ignorância popular. É sempre com semelhantes puerilidades que se faz mover a grande e estúpida besta que se chama povo.

Dizei-me se houve uma única cidade que tenha adotado as leis de Platão e de Aristóteles, ou as máximas de Sócrates.[42] Respondei-me: que motivo levou os Décios, pai e filho, a se consagrarem aos deuses infernais? Que ganhou Cúrcio precipitando-se na voragem?[43] Tudo foi obra da glória, dessa dulcíssima sereia que, por isso, foi muito condenada por nossos sábios. É por isso que eles exclamam: – Pode haver maior loucura que a de um candidato que adula suplicantemente o povo para conquistar honras e compra o seu favor à custa de liberalidade? Que a daquele que recebe servil e humildemente os aplausos dos mentecaptos? Daquele que fica lisonjeado com as aclamações populares? Daquele que se deixa carregar em triunfo, como uma estátua, para ser visto pelo povo, ou que é efigiado em bronze no foro? A todas essas loucuras, acrescentai a da adoção dos nomes e sobrenomes; acrescentai as honras divinas prestadas a um homem sem mérito algum; acrescentai, finalmente, as cerimônias públicas

---

do primeiro, mas o homem, por mais força que empregasse, não o conseguiu. Então, mandou que um homem fraco arrancasse, fio por fio, a cauda do cavalo fogoso. E, em um instante, a ordem foi executada.

40. Licurgo, para mostrar aos lacedemônios a força da educação, pegou dois cães da mesma raça, um muito habituado a caçar e o outro amansado em casa. Em seguida, tendo posto diante de ambos uma panela cheia de comida e deixado em liberdade uma lebre, o primeiro saiu em perseguição à lebre e o segundo dirigiu-se à panela.

41. Minos, rei de Creta, a fim de tornar mais venerada sua autoridade, fez espalhar que, de nove em nove anos, Júpiter, seu pai, indicava-lhe as leis que devia criar para o povo. Numa também inventou que tinha conferências noturnas com a deusa Egéria, que lhe aconselhava a instituição dos sacrifícios e das leis.

42. São máximas de Sócrates: é melhor sofrer uma injúria do que fazê-la; a morte não é um mal; a filosofia consiste em meditar na morte etc.

43. Surgiu uma voragem no Foro de Roma e, consultado o oráculo, este respondeu que a mesma só se fecharia se se jogasse dentro dela tudo quanto o povo romano tinha de mais precioso. Cúrcio precipitou-se, então, no abismo, com suas armas e seu cavalo, certo de que o povo romano nada possuía de mais precioso que as suas armas e a sua bravura.

levadas a efeito para colocar no número dos deuses os mais celerados tiranos.[44] Quem será capaz de negar que não há coisa mais tola? Não bastaria um Demócrito para rir bastante disso. Mas não será também verdade que a Loucura foi a autora de todas as famosas proezas dos valorosos heróis que tantos literatos eloquentes elevaram às estrelas? É a Loucura que forma as cidades; graças a ela é que subsistem os governos, a religião, os conselhos, os tribunais; e é mesmo lícito asseverar que a vida humana não passa, afinal, de uma espécie de divertimento da Loucura.

Mas passemos, agora, a falar das artes. Quem anima os homens a descobrir, a transmitir aos seus pósteros tantas produções, ao parecer excelentes, se não a sede de glória? Acharam esses homens, na verdade bastante tolos, que não deviam poupar nem velas, nem suor, nem esforços de fadiga para conquistar não sei que imortalidade, a qual não passa, em última análise, de uma belíssima quimera. Deveis, pois, à Loucura todos os bens que já se introduziram no mundo, todos esses bens de que estais gozando e que tanto contribuem para a felicidade da vida.

Pois bem, que direi, senhores, se, depois de vos ter provado que a mim se devem todos os louvores atribuídos à força e ao engenho humanos, eu vos provar que a mim também pertencem os que recebem a prudência? "– Essa é boa!", dirá, talvez, alguém. "– Pretendeis misturar o fogo com a água, pois a Loucura e a Prudência não são menos opostas que esses dois elementos contrários." – Não obstante, sentir-me-ei lisonjeada por vos convencer disso, desde que continueis a prestar-me vossa gentil atenção.

Se a prudência consiste no uso comedido das coisas, eu desejaria saber qual dos dois merece mais ser honrado com o título de *prudente*: o sábio, que, parte por modéstia, parte por medo, nada realiza, ou o louco, que nem o pudor (pois não o conhece) nem o perigo (porque não o vê) podem demover de qualquer empreendimento. O sábio absorve-se no estudo dos autores antigos; mas que proveito tira ele dessa constante leitura? Raros conceitos espirituosos, alguns pensamentos

---

44. Os romanos costumavam divinizar os imperadores defuntos enchendo de palha e de perfumes uma alta torre, à qual ficava presa uma águia; esta, libertada pelas chamas, levantava voo, enquanto um perfume suavíssimo se desprendia do braseiro. O povo acreditava que se tratava da alma do príncipe subindo aos céus.

requintados, algumas simples puerilidades – eis todo o fruto de sua fadiga. O louco, ao contrário, tomando a iniciativa de tudo, arrostando todos os perigos, parece-me alcançar a verdadeira prudência. Homero, embora cego, enxergava muito bem essas verdades: "O tolo" – disse ele – "aprende à própria custa e só abre os olhos depois do fato". Duas coisas, sobretudo, impedem que o homem saiba ao certo o que deve fazer: uma é a vergonha, que cega a inteligência e arrefece a coragem; a outra é o medo, que, indicando o perigo, obriga a preferir a inércia à ação. Ora, é próprio da Loucura dirimir todas essas dificuldades. Raros são os que sabem que, para fazer fortuna, é preciso não ter vergonha de nada e arriscar tudo. Quero observar-vos, além disso, que os que preferem a prudência fundada no julgamento das coisas estão muito longe de possuírem a verdadeira prudência.

Todas as coisas humanas têm dois aspectos, à maneira dos Silenos de Alcibíades,[45] que tinham duas caras completamente opostas. Por isso é que, muitas vezes, o que à primeira vista parece ser a morte, na realidade, observado com atenção, é a vida. E assim, muitas vezes, o que parece ser a vida é a morte; o que parece belo é disforme; o que parece rico é pobre; o que parece infame é glorioso; o que parece douto é ignorante; o que parece robusto é fraco; o que parece nobre é ignóbil; o que parece alegre é triste; o que parece favorável é contrário; o que parece amigo é inimigo; o que parece salutar é nocivo; em suma, virado o Sileno, logo muda a cena. Estarei falando muito filosoficamente? Pois vou explicar-me com maior clareza.

Todos vós estais convencidos, por exemplo, de que um rei, além de muito rico, é o senhor dos seus súditos. Mas se ele tiver no peito um coração brutal, se for insaciável na sua cobiça, se nunca se mostrar satisfeito com o que possui, não concordareis comigo que é miserabilíssimo? Se ele se deixar transportar por seus vícios e por suas paixões, não se tornará um dos escravos mais vis? O mesmo se poderia dizer de

---

45. Os Silenos de Alcibíades eram velhos Sátiros. Chamavam-se Silenos porque se balançavam em torno da moenda. Também se chamavam assim os que espremiam as uvas. Conhecido por esse nome foi o preceptor de Baco. Chamavam-se ainda Silenos certas estátuas ridículas exteriormente, mas que internamente encerravam imagens divinas. Alcibíades, espirituosamente, comparava Sócrates a essas estátuas, por ser ele deselegante e grosseiro exteriormente, mas encerrando uma alma divina.

tudo o mais. Basta, porém, esse exemplo. "– E com que fim" – podeis perguntar-me – "nos dizeis tudo isso?" – Um pouco de paciência, e vereis aonde quero chegar. Se alguém se aproximasse de um cômico mascarado, no instante em que estivesse desempenhando o seu papel, e tentasse arrancar-lhe a máscara para que os espectadores lhe vissem o rosto, não perturbaria assim toda a cena? Não mereceria ser expulso a pedradas, como um estúpido e petulante? No entanto, os cômicos mascarados tornariam a aparecer; ver-se-ia que a mulher era um homem; a criança, um velho; o rei, um infeliz; e Deus, um sujeito à toa. Querer, porém, acabar com essa ilusão importaria em perturbar inteiramente a cena, pois os olhos dos espectadores divertiam-se justamente com a troca das roupas e das fisionomias. Vamos à aplicação: que é, afinal, a vida humana? Uma comédia. Cada qual aparece diferente de si mesmo; cada qual representa o seu papel sempre mascarado, pelo menos enquanto o chefe dos comediantes não o faz descer do palco. O mesmo ator aparece sob várias figuras, e o que estava sentado no trono, soberbamente vestido, surge, em seguida, disfarçado em escravo, coberto por miseráveis andrajos. Para dizer a verdade, tudo neste mundo não passa de uma sombra e de uma aparência, mas o fato é que esta grande e longa comédia não pode ser representada de outra forma.

Prossigamos. Se algum sábio caído do céu surgisse entre nós e se pusesse a gritar: "Não! Aquele que venerais como 'Vosso Deus e Senhor'[46] não é sequer um homem, não passando de um animal dominado pelo impulso do instinto, de um escravo dos mais abjetos, pois serve a tantos vis tiranos quantas são as suas paixões" – se esse sábio, dirigindo-se a alguém que chorasse a morte do pai, o exortasse a rir, dizendo-lhe que esta vida não passa, na realidade, de uma contínua morte e que, por conseguinte, seu pai só fez cessar de morrer; se, enfurecendo-se com algum vaidoso soberbo de sua genealogia, o tratasse de ignóbil e de bastardo por estar totalmente afastado da virtude, que é a única e exclusiva fonte da verdadeira nobreza; e se dessa maneira o nosso fi-

---

46. "Vosso Deus e Senhor" eram títulos que se atribuía o imperador Domiciano. – Marcial diz não haver animal pior do que um príncipe perverso. – Tendo Diógenes subido, certa vez, a uma tribuna, e como, para arengar, repetisse: "Homens, escutai!", logo uma grande multidão formou-se em torno de sua pessoa, perguntando-lhe todos o que queria. E ele respondeu: "Dirigi-me a homens, e não a vós, que de humanos só tendes a figura".

lósofo fosse falando de todas as outras coisas humanas, pergunto eu que resultado obteria ele de suas declamações. Passaria, decerto, para todos, por louco furioso. Portanto, ficai certos de que, assim como não há maior estupidez do que querer passar por sábio fora do tempo, assim também não há nada mais ridículo e imprudente do que uma prudência mal compreendida e inoportuna. Na verdade, nós nos enganamos redondamente quando queremos distinguir-nos no gênero humano, recusando-nos a nos adaptar aos tempos. Nunca se deveria esquecer esta lei que os gregos estabeleceram para os seus banquetes: *Bebei e ide-vos embora*.[47] O contrário seria pretender que a comédia deixasse de ser comédia. Além disso, se a natureza vos fez homens, a verdadeira prudência exige que não vos eleveis acima da condução humana. Em poucas palavras, de duas uma: ou dissimular intencionalmente com os seus semelhantes, ou correr ingenuamente o risco de se enganar com eles. "E não será esta" – indagam os sábios – "outra espécie de loucura?" – Quem o nega? Que me concedam, porém, que é essa a única maneira de cada qual fazer a sua pessoa aparecer na comédia do mundo.

Quanto ao restante... Deuses imortais! Devo falar? Devo calar-me? E por que devo calar-me, se tudo o que quero dizer é mais verdadeiro do que a própria verdade? Ajudai-me, porém, em assunto de tão relevante importância, a me dirigir às Musas e pedir-lhes que me auxiliem, dispondo-se a vir de seu Helicão até a mim, tanto mais quanto os poetas tantas vezes cometem a indiscrição de fazê-las descer por meras frioleiras. Vinde, pois, um instante, ó filhas de Júpiter, pois quero provar que essa sabedoria tão gabada, e que, enfaticamente, chama-se o baluarte da felicidade, só é acessível aos que são orientados pela Loucura.

Antes de mais nada, sustento que, em geral, as paixões são reguladas pela Loucura. Com efeito, que é que distingue o sábio do louco? Não será, talvez, o fato de o louco se guiar em tudo pelas paixões, e o sábio pelo raciocínio? É por isso que os estoicos afastam do sábio toda e qualquer perturbação de ânimo, considerando-a um verdadeiro mal. Aliás, se é que nos merecem fé os peripatéticos, as paixões fazem as

---

47. O sentido moral desse provérbio dos gregos é que é necessário adaptar-se às pessoas com as quais se convive, ou então separar-se delas. Também Cícero disse, no mesmo sentido: "Se vives em Roma, vives de acordo com os costumes romanos.".

vezes de pedagogos aos que se encaminham para o porto da sabedoria: são como estímulos e incentivos para a satisfação dos deveres da vida e para uma conduta virtuosa. É verdade que Sêneca, duas vezes estoico, isenta o seu sábio de toda sorte de paixões. Oh! Bela obra-prima! Decerto, esse sábio não é mais homem, mas uma espécie de deus que nunca existiu. Falemos mais claramente: o que ele fez foi uma fria estátua de mármore, privada de todo senso humano.

Que os senhores estoicos apreciem e amem à vontade o seu sábio e vão passar a vida na cidade de Platão,[48] ou, se acharem melhor, na região das ideias, ou nos jardins de Tântalo.[49] Que espécie de homem é um estoico? Quem poderá deixar de evitá-lo como a um monstro, de temê-lo como a um fantasma? Eis o retrato de um estoico: surdo à voz dos sentidos, não sente paixão alguma; o amor e a piedade não impressionam absolutamente o seu coração duro como o diamante; nada lhe escapa, nunca se perde, pois tem uma vista de lince; tudo pesa com a máxima exatidão, nada perdoa; encontra em si mesmo toda a felicidade e se julga o único rico da terra, o único sábio, o único livre, em uma palavra, pensa que só ele é tudo, e o mais interessante é que é o único a se julgar assim. Amigos? É a sua última preocupação, pois não possui sequer um. Sem qualquer escrúpulo, chega a insultar os deuses e a condenar como verdadeira loucura tudo o que se faz no mundo, ridicularizando todas as coisas.

Vede o belo quadro desse animal que nos apresentam como o modelo acabado da sabedoria. Dizei-me, por favor: se a questão pudesse ser posta a votos, que cidade desejaria semelhante magistrado? Que exército reclamaria um tal general? Quem o convidaria à sua mesa? Estou igualmente convencida de que não acharia, sequer, uma mulher ou servo que quisessem e pudessem suportá-lo. E quem, ao contrário, não preferiria um homem qualquer, tirado da massa dos homens estúpidos, que, embora estúpido, soubesse mandar ou obedecer aos estúpidos, fazendo-se amar por todos; que, sobretudo, fosse complacente para com a mulher, bom para os amigos, alegre na mesa, sociável com todos com quem convivesse; que, finalmente, não se achasse estranho

---

48. Esse filósofo escreveu o plano de uma República, mas ninguém quis adotá-lo. Luciano ridiculariza-o por esse fato, dizendo: "Platão é o único habitante de sua cidade.".

49. "Nos Jardins de Tântalo": serviam-se os gregos desse provérbio para indicar um lugar inexistente.

a tudo o que é próprio da humanidade? Mas, para falar a verdade, chego a ter nojo de falar dessa espécie de sábios. Passo, por isso, a tratar dos outros bens da vida.

* * *

Quando se reflete atentamente sobre o gênero humano, e quando se observam como de uma alta torre (justamente a maneira pela qual Júpiter costuma proceder, segundo dizem os poetas) todas as calamidades a que está sujeita a vida dos mortais, não se pode deixar de ficar vivamente comovido. Santo Deus! Que é, afinal, a vida humana? Como é miserável, como é sórdido o nascimento! Como é penosa a educação! A quantos males está exposta a infância! Como sua a juventude! Como é grave a velhice! Como é dura a necessidade da morte! Percorramos, ainda uma vez, esse deplorável caminho. Que horrível e variada multiplicidade de males! Quantos desastres, quantos incômodos se encontram na vida! Enfim, não há prazer que não tenha o amargor de muito fel. Quem poderia descrever a infinita série de males que o homem causa ao homem, como sejam a pobreza, a prisão, a infâmia, a desonra, os tormentos, a inveja, as traições, as injúrias, os conflitos, as fraudes etc.? Eu não saberia dizer-vos que delito teria o homem cometido para merecer tão grande quantidade de males, nem que deus furioso o teria constrangido a nascer em tão horrível vale de misérias. Assim, pois, quem quer que examine a fundo a miserabilíssima condição do gênero humano, não poderá, decerto, deixar de aprovar o exemplo das virgens de Mileto,[50] embora seja um exemplo digno de toda a compaixão.

Quais foram os mais célebres desgostosos da vida que procuraram espontaneamente a morte? Não foram, porventura, os amigos mais próximos da sabedoria? Para não falar de Diógenes, Xenócrates, Catão, Cássio, Bruto, lembro apenas o famoso Quirão,[51] que preferiu a morte à imortalidade. Já sei que logo compreendereis quanto o mundo duraria pouco se a sabedoria fosse comum entre os mortais. Sou mesmo de

---

50. Conta Aulo Gélio que as virgens de Mileto foram tomadas, certa vez, de um furioso amor que as levou ao suicídio.
51. Quirão, preceptor de Aquiles, recusou a imortalidade que lhe ofereceram os deuses como prêmio por sua probidade, a fim de evitar o tédio que sentiria com a reprodução contínua das mesmas coisas.

opinião que, em breve, haveria necessidade de uma nova argila e de um novo Prometeu.[52] Mas, também nesse caso, sou eu quem providencia, mantendo os homens na ignorância, na irreflexão, no esquecimento dos males passados e na esperança de um futuro melhor. Misturando as minhas doçuras com as da volúpia, eu amenizo o rigor do seu destino. Amam a vida não só quase todos os homens, como até aqueles cujo fio da existência está prestes a ser cortado pela morte, aqueles que devem deixar a vida depois de um bom número de anos. Eles não mostram pressa alguma de passar para o número dos mortos. Quanto mais motivos têm os homens para viver contra a própria vontade, tanto menos se enojam da vida, evidenciando que não acham excessivamente longos os seus dias. São um efeito da minha bondade esses velhos que vedes alcançar a nestórea decrepitude e que de humano só possuem a figura. Por isso é que são gagos, delirantes, desdentados, encanecidos, calvos, ou, para descrevê-los melhor, com as palavras de Aristófanes, enrugados, corcundas, sem qualquer resto de virilidade. E, não obstante, amam com arrebatamento a vida. Não se limitam esses velhotes insensatos aos prazeres da existência, mas se esforçam ainda por imitar, o quanto podem, a juventude: um enegrece os cabelos brancos; outro esconde com uma cabeleira a cabeça calva; outro põe dentes tomados de empréstimo de algum porco; outro apaixona-se loucamente por uma moça e faz por ela loucuras que envergonhariam um rapazinho. Estamos tão habituados a ver um homem todo curvado ao peso dos anos e que já enxerga a terra em que está para descer, a vê-lo, repito, casar-se com uma mocinha sem dote, e casar-se, certamente, mais para o de outrem do que para o próprio uso, que isso se toma quase um motivo de louvor.

Eis, porém, um quadro ainda mais divertido: aquelas velhas apaixonadas, aqueles cadáveres semivivos que parecem ter saído do Érebo e já estão fedendo a carniça, ainda sentem arder o coração. Lascivas como cadelas no cio, só respiram uma porca sensualidade e dizem descaradamente que sem volúpia a vida não vale nada. Essas velhas cabras ainda fazem o amor e, quando encontram algum Faão,[53] costumam

---

52. Diz a lenda que Prometeu fez o corpo humano com argila e o animou com o fogo roubado do céu.
53. Faão foi loucamente amado por Safo, que por ele não era correspondida.

remunerar generosamente a repugnância que causam. Então, mais do que nunca, esmeram-se na pintura do rosto, passam a vida diante do espelho, arrancam fios brancos de barba, ostentam dois seios flácidos e enrugados, cantam com voz rouquenha e hesitante para despertar a lânguida concupiscência, bebem à grande, intrometem-se nas danças das moças, escrevem cartas amorosas – eis os meios que essas velhas raposas empregam para dar coragem aos seus custosos campeões. Enquanto isso, a sociedade exclama: "– Que velhas malucas! Que velhas malucas!" – Mas, se a sociedade tem razão, elas se riem e, imersas nos prazeres, aproveitam a felicidade que lhes proporciono. Eu desejaria que esses censores indiscretos soubessem dizer-me o que será mais estúpido: viver alegre e satisfeito, ou eternamente desesperado até se enforcar com uma corda. Poderão dizer-me que é uma verdadeira infâmia a vida desses velhos e dessas velhas. Não o nego; mas, que importa isso aos meus loucos? Ou são inteiramente insensíveis à desonra, ou então, quando a sentem, sufocam facilmente o remorso. Os meus bons e fiéis súditos têm uma filosofia especial, que os faz distinguir muito bem os males imaginários dos males reais. Cai-vos uma pedra na cabeça? Oh! Isso sim, é na realidade um mal! Mas a desonra, a infâmia, as censuras, as maldições só nos fazem mal quando queremos sentir: desde que não pensemos nisso, deixam de ser um mal. Que mal pode fazer o que murmura a sociedade, desde que vós intimamente vos aplaudais? Ora, somente eu tenho a virtude de sublimar os homens a esse alto grau de perfeição, e é esse um dos meus maiores predicados. Parece-me, contudo, ouvir alguns filósofos dizerem que uma das maiores desgraças para um homem consiste em ficar louco, em viver no erro, na ilusão e na ignorância. Oh! Como estão redondamente enganados! Respondo-lhes, ao contrário, que é justamente nisso que consiste ser homem. Confesso-vos que não sei explicar como podem tratar de infelizes os meus loucos, sendo a loucura, como é, patrimônio universal da humanidade, e quando todos os mortais nascem, educam-se e se conformam com ela.

Parece-me bastante ridículo lastimar um ser que se acha no seu estado normal. Considerareis deplorável o fato de o homem não ter asas para voar como os pássaros, ou quatro pés como os quadrúpedes, ou a fronte armada de chifres como o touro? Lamentareis a sorte de um belo cavalo, pelo fato de não ter aprendido gramática ou de não comer bem? Deplorareis um touro, pelo fato de não ser adestrado na palestra? Portanto, assim como o cavalo não é infeliz por ignorar a gramática, assim também não o é o louco, pois a loucura é natural no homem. Mas os sutis disputadores, meus antagonistas, continuam a perseguir-me com novos sofismas. "Dentre todos os animais" – dizem eles – "só o homem goza do privilégio de aprender as artes e as ciências, a fim de suprir com os seus conhecimentos as lacunas da natureza." Como se houvesse sombra de verdade em que a natureza, tão previdente e vigilante quanto ao pernilongo e até quanto às ervas ou às florzinhas-do-campo, fosse esquecer-se unicamente do homem, deixando de lhe fornecer tudo aquilo de que precisa! Oh! Que absurdo! Não! As ciências e as artes que tanto decantais não são ora da natureza: foi um certo gênio chamado Teuto,[54] grande inimigo do gênero humano, que, por cúmulo da desventura dos homens, inventou-as. Eis por que, muito longe de contribuírem para essa felicidade que se pretende apresentar como razão de sua descoberta, as ciências são, ao contrário, extremamente nocivas. Tinha decerto bom faro aquele sábio e prudente rei[55] que, com tanta finura, segundo Platão, reprovou a invenção do alfabeto.

Digamos, pois, francamente, que a ciência e a indústria introduziram-se no mundo com todas as outras pestes da vida humana, tendo sido inventadas pelos mesmos espíritos que deram origem a todos os males, isto é, pelos demônios, que por sinal tiraram da ciência o seu

---

54. A respeito de Teuto, diz Sócrates a Platão: "Ouvi dizer que, perto de Neucrates, no Egito, houve um dos primeiros deuses a quem era consagrado o pássaro chamado Íbis. Esse demônio, ou deus, chamava-se Teuto e foi o inventor dos números, da geometria, da astrologia, dos jogos de azar, do alfabeto. Tâmus reinava, naquele tempo, sobre todo o Egito e residia em uma poderosa cidade que os gregos chamavam de Tebas do Egito. Ora, tendo ido Teuto procurar esse monarca, a fim de lhe mostrar as suas invenções, disse-lhe este que era preciso comunicá-lo aos egípcios".

55. Segundo Platão, na mesma passagem anteriormente citada, lê-se que, tendo o rei Tâmus perguntado a Teuto qual era a vantagem de suas letras alfabéticas, este último respondeu: "Servem para despertar a memória". Ao que replicou o rei: "Pois a mim me parece justamente o contrário, porque os homens, servindo-se desses caracteres, porão tudo no papel e não conservarão nada na memória".

nome.[56] Nada disso conhecia-se no século de ouro, em que, sem método, sem regra, sem instrução, os homens viviam felizes, guiados pela Natureza e pelo próprio instinto. Com efeito, que utilidade teria, naquele tempo, a gramática? Havia apenas a linguagem, e, ainda assim, só era falada para exprimir o pensamento. Não havia necessidade de lógica, porque, tendo todos os mesmos raciocínios, as divergências de opinião não provocavam discussão alguma. Não se conhecia a retórica naquela idade pacífica, em que não havia nem processos, nem conflitos, nem discursos. Nessa época, os legisladores eram inúteis, porque, reinando os bons costumes, não havia necessidade de leis.[57] Além disso, aqueles mortais eram religiosíssimos, motivo por que não ansiavam por investigar com ímpia curiosidade os segredos da natureza. Convencidos de que a um pequeno inseto como o homem não é lícito ultrapassar os estreitos limites de sua capacidade, não quebravam a cabeça com a pesquisa das dimensões, dos movimentos, dos efeitos, das origens ocultas dos astros. Também não lhes passava pela imaginação a impertinente ideia de querer saber o que se acha além dos céus.

Mas, aos poucos, foi desaparecendo a inocência do século de ouro, de forma que os maus gênios, como já disse, logo descobriram as artes, mas ainda em pequeno número e muito pouco exercitadas. Em seguida, a superstição dos caldeus[58] e a ociosa leviandade dos gregos criaram mil outras, todas muito oportunas e excelentes para atormentar o espírito. Só a gramática é mais do que suficiente para nos aborrecer, durante toda a vida. De todas essas artes, são tidas em maior apreço as que mais se aproximam do bom senso, isto é, da loucura. Mas que vantagem proporcionam aos que delas fazem profissão? Morrem de fome os teólogos, definham os físicos, caem no ridículo os astrólogos, são desprezados os dialéticos. E só o médico faz fortuna.

A principal vantagem da medicina está em que, quanto mais ignorante, ousado e temerário é quem a exerce, tanto mais estimado é pe-

---

56. Os gregos davam aos sábios o nome de demônios, por causa de uma antiga palavra que significa *"sei, aprendo"* e da qual os gramáticos pensam que se deriva o nome demônio.
57. Diz Tácito que a quantidade das leis é a prova de um mau governo e da decadência de uma nação, porque são os maus costumes que colocam os homens na contingência de fazer leis.
58. Atribui-se aos caldeus a invenção da astrologia e da magia. Erasmo trata-os de supersticiosos por acreditarem eles que todas as estrelas fossem divindades.

los senhores laureados. Além disso, essa profissão, da maneira por que muitos a exercem hoje em dia, reduz-se a uma espécie de adulação, quase como a eloquência.

Depois dos médicos, vêm imediatamente os rábulas ou jurisconsultos. Eu não saberia dizer-vos ao certo se esses supostos filhos de Têmis precederam os sequazes de Esculápio: disputam a precedência entre si. O que é fora de dúvida é que os filósofos, quase por consenso unânime, ridicularizam os advogados e, com muita propriedade, qualificam essa profissão de *ciência de burro*. Mas, burros ou não, serão sempre eles os intérpretes das leis e os reguladores de todos os negócios. Ao passo que esses senhores estendem os seus latifúndios, o pobre teólogo, depois de ter revistado todas as arcas da divindade, é obrigado a comer favas e a viver em uma eterna guerra com os insetos nojentos.

De tudo quanto dissemos acerca das disciplinas, pode-se concluir que as artes mais vantajosas são as que mais se relacionam com a loucura. Por conseguinte, são perfeitamente felizes os homens que, sem ter qualquer relação com as ciências especulativas e práticas, têm como único guia a natureza, a qual não possui defeito algum e nunca deixa que se percam os que seguem fiel e exatamente os seus passos, sem a pretensão de sair dos limites da condição humana. A natureza é inimiga de todo artifício, e, de fato, vemos crescer mais felizes as coisas não contaminadas por nenhuma arte.

Permiti que me detenha um pouco sobre o mesmo argumento. Não será verdade que, entre tantas espécies de animais, os que vivem mais felizes são os que não têm disciplina alguma e que só a natureza reconhecem como mestra? Quem será mais feliz e admirável do que as abelhas? No entanto, nem sequer possuem todos os sentidos do corpo. Apesar disso, quando será que a arquitetura encontrará alguém que as iguale na construção dos edifícios? Qual foi o filósofo que já instituiu uma República semelhante? Já o cavalo, por estar mais próximo dos sentimentos do homem, e sendo por este dominado, participa consideravelmente das calamidades humanas. Acontece, muitas vezes, que esse animal doméstico, em lugar de fugir da batalha, atira-se ao perigo, e, na ambição da vitória, um golpe mortal estende-o por terra, obrigando-o a comer poeira junto ao cavaleiro. Já não falo das cruéis mordeduras, das esporadas agudas, da prisão que é a estrebaria, das rédeas, do pesado cavaleiro, em suma, de toda a trágica escravidão a que ele, a exemplo do homem, sujeitou-se espontaneamente, na ânsia excessiva de se vingar do veado, seu inimigo. Bem mais desejável é a vida das moscas e dos pássaros, por nascerem livres e tomar a natureza o encargo de nutri--los. Seriam mesmo perfeitamente felizes e tranquilos se não devessem temer as insídias dos homens. Não imaginais quanto perdem os pássaros da sua primitiva beleza, quando aprendem, nas gaiolas, os nossos cantos. E assim é verdade, sob todos os aspectos, que as produções da natureza ultrapassam de muito as da arte.

Por tudo isso, nunca terei louvado bastante a Pitágoras por se ter transformado em galo. Esse filósofo, em virtude da metempsicose, passou por todos os estados: filósofo, homem, mulher, rei, confidente, peixe, cavalo, rã e creio até que esponja. E, depois de todas essas transmigrações, declarou que o homem era o mais infeliz de todos os animais, pois todos os outros estão satisfeitos de ficar nos limites prefixados pela natureza, enquanto só o homem esforça-se por ultrapassá--los. Além disso, Pitágoras costumava antepor os tolos aos sábios e aos grandes. Tal era, também, a opinião de Grilo, um dos companheiros do sensato Ulisses, o qual, tendo sido transformado em porco pela bruxa Circe, preferia grunhir tranquilo e à vontade em um chiqueiro a andar na pista de novos perigos e novas aventuras com o seu general. Parece-me, também, que o próprio Homero, o célebre pai da mitologia, não diverge dessa opinião, pois que, em geral, considera miseráveis todos os mortais e diz que a morte cerca-os por toda parte. Nem mesmo Ulisses, o seu famoso herói e modelo de sabedoria, constitui para ele uma exceção, pois chega a lhe aplicar várias vezes o epíteto de *infeliz*. No entanto, não diz o mesmo de Páris, de Ajax e de Aquiles, que eram loucos. Pelo contrário: como Ulisses fosse engenhoso e astuto e seguisse os conselhos de Minerva, preferindo-os a tudo mais, Homero deplorou a infelicidade desse rei de Ítaca.

Voltando, pois, ao meu assunto, afirmo que os que se aplicam ao estudo das ciências estão muito longe da felicidade e são duplamente loucos, porque, esquecendo-se de sua condição natural e querendo viver como outros tantos deuses, fazem à natureza, com as máquinas de arte, uma guerra de gigantes. De tudo isso infiro que os verdadeiros felizardos são os que mais se aproximam da índole e da estupidez dos brutos, sem empreenderem algo que esteja acima das forças humanas.

Pois bem! Tratemos de defender esse argumento, não com os entimemas dos estoicos, mas com um exemplo palmar. Deuses imortais, julgai-o! Quem no mundo viverá mais feliz do que os vulgarmente chamados bobos, todos, insensatos e imbecis? Ah! Como acho bonitos esses nomes! Quero dizer-vos uma coisa que, à primeira vista, talvez tomeis por extravagante e absurda. Mas que importa? Apesar disso, não quero deixar de vo-la dizer, tanto mais quanto é superior a qualquer outra verdade.

Respondei-me: é ou não exato que os homens que se julgam privados de entendimento nenhum medo têm da morte? E esse medo – por Baco! – não é um mal indiferente! Além disso, estão isentos dos terríveis remorsos da consciência; não temendo nem fantasmas nem trevas, não são atormentados pela perpétua perspectiva dos males; não são enganados pela vã esperança de futuros bens. Em suma, os seus dias não são envenenados pela infinita série de cuidados a que está sujeita a vida. A desonra, o temor, a ambição, a inveja, o amor, a amizade são coisas inteiramente estranhas para eles, pois gozam da incomparável vantagem de só na forma diferirem dos animais. Mas isso não basta, pois que, segundo a opinião dos teólogos, chegam a ser impecáveis. Isso posto, tornai a consultar ainda uma vez o vosso íntimo, ó insensatos partidários da sabedoria! Ponderai, examinai atentamente quantas aflições do espírito vos atormentam dia e noite; reuni em bloco, sob os vossos olhos, todos os diversos males da vida; e julgai, finalmente, por vós mesmos, quanto é grande a felicidade que proporciono aos meus insensatos. Não gozam eles apenas de um contínuo prazer, rindo, jogando e cantando, mas me parece, além disso, que a alegria, o prazer, a chacota, o riso seguem-lhes os passos por toda parte. Dir-se-ia que os deuses tiveram a bondade de misturá-los com os homens para edulcorar a tristeza da vida humana. Eu desejaria que notásseis ainda um privilégio que honra muitíssimo os meus súditos. Diversa é a disposição do coração humano de indivíduo para indivíduo; mas, quanto aos meus loucos, todos os homens os tratam como se fossem de casa. Desejam-nos com transporte, abraçam-nos, lisonjeiam-nos, alimentam-nos, socorrem-nos em suas necessidades, em suma, permitem-lhes dizer e fazer todo mal que lhes aprouver. Não só não se encontra alguém que se atreva a contrariá-los, como parece que até as próprias feras, por um natural sentimento da sua inocência, contém diante deles a sua inata ferocidade. São sagrados para os deuses, para mim sobretudo, motivo por que é muito justo que todos usem para com eles do mesmo respeito.

Que diremos, em seguida, de tantas outras prerrogativas de que gozam os meus sequazes? Os maiores monarcas de tal forma concentram neles as suas delícias, que muitos não podem nem jantar, nem passear, nem ficar longe deles por uma hora sequer. Que diferença não acharão, pois, entre os seus bobos e os sábios melancólicos, dos quais talvez mantenham um para lhes fazer as honras? E uma tal diferença nada tem de misterioso nem de surpreendente, porque os sábios, em geral, só sabem dizer coisas melancólicas e, às vezes, confiando no próprio saber, permitem-se ofender os delicados ouvidos com pungentes verdades. Os meus loucos, ao contrário, têm uma vida totalmente oposta e observam, para com os príncipes, todas as maneiras que mais costumam agradar, divertindo os outros com mil chacotas e bobagens, com ditos satíricos, com caretas e disparates de fazer qualquer pessoa rebentar de riso. Notai, de passagem, o privilégio que têm os bobos de poder falar com toda a sinceridade e franqueza. Haverá coisa mais louvável do que a verdade? Se bem que, com Platão, o provérbio de Alcibíades diga que a *verdade se encontra no vinho e nas crianças*, contudo é a mim, particularmente, que convém esse elogio, porque, segundo o testemunho de Eurípides, tudo o que o tolo encerra no coração, ele o traz também impresso na cabeça e o manifesta nas palavras. Mas os sábios, segundo o mesmo Eurípides, têm duas línguas, uma para dizer o que pensam e a outra para falar conforme as circunstâncias: quando o querem, têm talento para fazer o preto aparecer como branco e o branco como preto, soprando com a mesma boca o calor e o frio[59] e exprimindo com palavras exatamente o contrário do que sentem no peito.

---

59. Alusão ao seguinte apólogo de Aniano: "No máximo rigor do inverno, um camponês recebeu um sátiro em sua cabana. Ao ver que o camponês soprava os dedos, perguntou-lhe o sátiro: 'Por que faz assim?'. Ao que o outro respondeu: 'Para me esquentar com o calor do bafo'. Mais tarde, posta a mesa, vendo o sátiro que o camponês soprava uma comida muito quente, perguntou-lhe por que fazia o mesmo com a comida. Ao que respondeu o camponês: 'Para esfriá-la'. Então, o sátiro levantou-se subitamente e lhe disse: 'Como?!

Não posso deixar, aqui, de lastimar a sorte dos príncipes. Oh! Como são infelizes! Inacessíveis à verdade, só contam com a amizade dos aduladores. Mas ponderará alguém que eles não devem queixar-se senão de si mesmos. Por que será que os príncipes não gostam de prestar ouvidos à verdade? E por que detestam a companhia dos filósofos? Ah! Bem vejo que isso deve-se ao medo que têm os príncipes de encontrar, entre os filósofos, algum petulante que se atreva a dizer o que é verdadeiro e não o que é agradável! Concedo, de bom grado, que a verdade seja odiada por todos e muito mais pelos monarcas. Mas é justamente essa razão o que mais honra os meus loucos. Nem mesmo dissimulam os vícios e os defeitos dos reis. Que digo eu? Chegam, muitas vezes, a insultá-los, a injuriá-los, sem que esses senhores do mundo ofendam-se por isso ou se aborreçam. Sabemos que os príncipes, em lugar de ficarem indignados, riem-se de todo coração quando um tolo diz-lhes coisas que seriam mais do que suficientes para enforcar um filósofo. Só se costuma defender a verdade quando não se é atingido por ela; ora, só aos loucos os deuses concederam o privilégio de censurar e moralizar sem ofender a alguém. Quase pela mesma razão é que as mulheres gostam dos loucos e dos bobos, e é por isso que esse sexo é tão inclinado ao riso e às frivolidades. Além disso, qualquer coisa que façam as senhorinhas com essa espécie de pessoas (e às vezes com toda espécie), parece-lhes uma brincadeira ou uma chacota, tão engenhoso e ladino é o belo sexo em colorir e mascarar os seus ardis.

 Voltando, pois, à felicidade dos loucos, devo dizer que eles levam uma vida muito divertida e depois, sem temer nem sentir a morte, voam direitinho para os Campos Elísios, onde as suas piedosas e fatigadas almazinhas continuam a divertir-se ainda melhor do que antes. Confrontai, agora, a condição de qualquer sábio com a de um tolo. Imaginai, figurai um homem venerável, verdadeiro modelo de sabedoria, e observai como faz a sua passagem pela terra. Constrangido desde a infância a consagrar-se ao estudo, passa a flor dos anos nas vigílias, nas aflições, na mais assídua fadiga; e, mal sai dessa dura escravidão, acha-se ainda mais infeliz do que nunca. Por isso é que, devendo viver

---

Pela mesma boca, você põe para fora o calor e o frio? Ah! Não quero negócio com essa gente!'. E, assim dizendo, saiu a correr.".

com economia, moderação, tristeza, severidade, ele torna-se cruel e pesado a si mesmo, incômodo e insuportável aos outros.

Pálido, magro, enfermiço, remelento, fraco, encanecido, velho antes do tempo, termina uma vida infeliz com a morte prematura. Mas que importa ao sábio morrer moço ou velho, quando se pode afirmar, com toda a razão, que nunca viveu? Com efeito, não se pode falar em viver quando não se gozam todos os prazeres da vida. Que vos parece, agora, esse belo retrato do sábio? Agrada-vos?

Mas já estou esperando que as importunas rãs que são os estoicos[60] venham atacar-me com novos argumentos. "E" – dirão elas – "uma insigne loucura não estará perto do furor, ou melhor, não poderá chamar-se um verdadeiro furor?" Mas, que quer dizer ser furioso? Não significará, talvez, ter a mente perturbada? Como me inspiram piedade esses filósofos! O mais das vezes, não sabem o que dizem. Pois bem, se mo permitirem as musas, quero derrubar, quero destruir também esse paládio. Não posso negar que os estoicos sejam argumentadores sutis; mas por pouco que queiram ter reputação de bom senso, devem distinguir duas espécies de loucura, da mesma maneira por que Sócrates, segundo Platão, distinguia duas Vênus[61] e dois Cupidos. Afirmo que nem todas as loucuras tornam igualmente infeliz o homem. Se assim não fosse, Horácio decerto não teria aplicado o epíteto de amável ao furor que invade os poetas e que revela o futuro. O citado Platão não teria incluído, entre os principais bens da vida, o furor dos vates, dos adivinhos e dos amantes, e a Sibila Cumana não teria empregado esse vocábulo para exprimir as penas e os trabalhos de Eneias.

Há, portanto, duas espécies de furor. Um vem do fundo do inferno, e são as fúrias que o mandam para a terra. Essas atrozes e vingativas divindades tiraram da cabeça uma porção de serpentes e atiram suas escamas sobre os homens quando querem divertir-se em atormentá-los. Têm nisso as suas origens o furor da guerra, a devoradora sede do ouro, o infame e abominável amor, o parricídio, o incesto, o sacrilégio, o peso

---

60. Alguns autores antigos chamam os estoicos de rãs, por causa da sua importuna loquacidade.

61. Segundo Pausânias, havia duas Vênus: uma, mais antiga, sem mãe e filha do céu, por isso chamada celeste; a outra, filha de Júpiter e Diana, chamada a Vênus comum. E, assim, distingue ele o amor vulgar do amor celeste.

de consciência e todos os outros flagelos semelhantes de que se servem as fúrias para dar aos mortais uma amostra dos suplícios eternos.

Existe, porém, outro furor inteiramente oposto ao precedente, e sou eu quem o proporciona aos homens, que deveriam desejá-lo sempre como o maior de todos os bens. Em que pensais que consista esse furor ou loucura? Consiste em uma certa alienação de espírito que afasta do nosso ânimo qualquer preocupação incômoda, infundindo-lhe os mais suaves deleites. É justamente essa divagação que, como um insigne dom dos supremos deuses, deseja Cícero para si quando diz a Ático que não pode mais suportar o peso de tantos males.[62] Um grego, de cujo nome não me recordo, era do mesmo parecer, e a sua história é tão engraçada que eu até quero contá-la. Esse homem era louco de todas as formas: desde manhã muito cedo até tarde da noite, ficava sentado sozinho no teatro e, imaginando que assistia a uma magnífica representação, embora na realidade nada se representasse, ria, aplaudia e divertia-se à grande. Fora dessa loucura, ele era, em tudo o mais, uma ótima pessoa: complacente e fiel com os amigos; terno, cortês, condescendente com a mulher; indulgente com os escravos, não se enfurecendo quando via quebrar-se uma garrafa. Seus parentes deram-se ao incômodo de curá-lo com heléboro; mal, porém, ele voltou ao estado que impropriamente chama-se de bom senso, dirigiu-lhes esta bela e sensata apóstrofe: "Meus caros amigos, que fizeram vocês? Pretendem ter-me curado e, no entanto, mataram-me: para mim acabaram-se os prazeres: vocês me tiraram uma ilusão que constituía toda a minha felicidade". Tinha sobras de razão esse convalescente, e os que, por meio da arte médica, julgaram curá-lo, como de um mal, de tão feliz e agradável loucura, mostraram precisar mais do que ele de uma boa dose de heléboro.

Ainda não decidi se se deva ou não chamar indistintamente de loucura todo erro de espírito e do senso. É que, em geral, dizemos ser louco todo aquele que, sendo curto de vista, toma um burro por jumento, ou que, por ter pouco discernimento, considera excelente um mau poema. Ao mesmo tempo, quando um homem comete um estranho

---

62. Tendo Ático censurado Cícero pelo fato de se afligir excessivamente com a tirania dos triúnviros, dando a muitos a impressão de que perdera o juízo, Cícero respondeu que ainda conservava a lucidez, mas que desejava ficar louco para não ser mais tão sensível às calamidades públicas.

erro, não só de senso, mas também de inteligência, nele persistindo longamente – por exemplo, quando, ao escutar o zurro de um burro, julga ouvir uma sinfonia ou, então, quando, embora pobre e de origem humilde, imagina ser o rei Creso, da Lídia[63] – nesse caso diz-se que o pobrezinho perdeu o miolo. Mas essa loucura, quando dirigida a um objeto de prazer, como costuma acontecer quase sempre, bastante agradável torna-se tanto para os que a têm como para os que são meros espectadores. Assim, essa espécie de loucura é bem mais espalhada do que em geral se pensa. Às vezes, é um louco que se ri de outro louco, divertindo-se ambos mutuamente. Também não é raro ver-se um mais louco rir-se muito de outro menos do que ele. Mas na minha opinião o homem é tanto mais feliz quanto mais numerosas são as suas modalidades de loucura, contanto que não saia da espécie que nos é peculiar e que é tão espalhada que eu não saberia dizer se haverá, em todo o gênero humano, um só indivíduo que seja sempre sábio e não tenha também a sua modalidade. Se alguém, ao ver uma abóbora, a tomasse por uma mulher, dir-se-ia ser o pobrezinho um louco. A razão disso é que semelhante perturbação raras vezes costuma aparecer entre nós. Mas quando um marido imbecil adora a mulher, julgando-a mais fiel do que Penélope, mesmo que ela lhe faça crescer na cabeça um bosque de chifres, e intimamente se felicita, bendizendo enormemente o seu destino e dando graças a Deus por o ter unido a semelhante Lucrécia – ninguém acha que se trate de loucura, porque isso, hoje em dia, é a coisa mais natural deste mundo. Nessa categoria, é preciso incluir também os que desprezam tudo a não ser a caça, não concebendo maior prazer que o de ouvir o rouco som da trompa e os latidos dos cães. Creio mesmo que, ao sentirem o cheiro dos excrementos caninos, imaginam estar cheirando cinamomo. Trata-se de despedaçar uma presa? Oh! Incomparável delícia! Degolar, esfolar, cortar um boi ou um carneiro? Ah! É um mister vil, digno somente da ralé! Mas um bicho do mato? Oh! A honra de cortar um bicho do mato é reservada unicamente às pessoas de alta linhagem! O monteiro-mor, com a cabeça

---

63. Creso, rei da Lídia, foi o homem mais rico da terra. Tendo um dia perguntado a Sólon se não era ele o mais feliz dos mortais, o filósofo respondeu-lhe: "Majestade, vós me pareceis muito rico, tendes um grande reino; reservo-me, porém, para responder à vossa pergunta quando fordes muito feliz".

descoberta e de joelhos, pega o facão sagrado para esse sacrifício (pois Diana se ofenderia se se servisse de outro) e, empunhando o ferro com a mão direita, corta religiosamente determinados membros do animal, fazendo tudo com certa ordem e com cerimônias especiais. E, durante a pomposa operação, todo o bando de caçadores acerca-se do sacerdote de Diana, observando profundo silêncio e mostrando, ao assistir ao espetáculo mil vezes visto, a mesma surpresa que teria se fosse a primeira vez. Em seguida, aquele a quem cabe a sorte de provar um pedaço da caça julga ter conquistado ainda mais nobreza. Por fim, os caçadores, depois de levarem a vida perseguindo e comendo caça, não obtêm outro resultado do seu assíduo e fatigante exercício senão o de se terem transformado também em outros tantos animais selvagens. E, não obstante, intimamente, pensam ter uma vida real.

Outra espécie de homens semelhantes à que há pouco descrevi é constituída por aqueles que se sentem devorados pela mania de construir. Uma vez invadidos por essa irrequieta paixão, nunca se dão por satisfeitos, sendo a sua preocupação contínua a de fazer, edificar, destruir, até que, como Horácio, nessa tarefa de mudar o quadrado em redondo e o redondo em quadrado, acabam por ficar sem casa e sem pão. E com que ficam? Ficam com a doce lembrança de terem passado com prazer um grande número de anos.

Vejamos, agora, os alquimistas, que podem ser considerados os loucos por excelência. Têm a cabeça sempre repleta de novos e misteriosos segredos. O seu único fim é confundir, misturar, modificar a natureza, procurando por terra e por mar não sei que quintessência, que na realidade só se encontra em uma quimérica imaginação. Não julgueis, por isso, que se desgostem diante dos insucessos: ao contrário, cheios de louca e lisonjeira esperança, nunca se arrependem das despesas nem da fadiga, pois são engenhosíssimos em iludir-se a si mesmos e em tornar-se vítimas da própria obstinação. Mas qual é, em geral, o seu objetivo? Pensando enriquecer-se, gastam tudo, não lhes restando nem mesmo com que construir um pequeno lar. É verdade que esses sonhadores não deixam de ter belíssimos sonhos, tentando tudo quanto é meio imaginável para incitar os outros a correr atrás dessa felicidade. Finalmente, constrangidos pela miséria a dar um adeus às suas quiméricas esperanças, acham ainda uma grande compensação em se poderem gabar de ao menos terem formado tão glorioso e nobre projeto. Mas, ao mesmo tempo, censuram a natureza pelo fato de ter dado aos homens uma vida demasiado breve para levar a termo empresa de tamanha importância.

Sinto certo escrúpulo em introduzir em nossa sociedade os jogadores de profissão. Mas, decerto que é uma loucura, oferecendo um espetáculo ridículo os que, de tão apaixonados pelo jogo, sentem bater e saltar o coração dentro do peito sempre que veem cartas na mesa ou ouvem o barulho dos dados. Então, quando a enganosa esperança de recuperar o que perderam faz que percam o restante dos seus bens e quando a sua nau se quebra contra o escolho do jogo, escolho não menos fatal que o de Maleia,[64] ainda se julgam muito felizes por se terem salvado nuzinhos em pelo desse naufrágio. E o mais bonito é que essa espécie de gente prefere roubar a quem quer que seja, exceto ao que a despojou, pelo receio de passar à conta de pouco honesta. Que deveria eu dizer desses velhos que, quase cegos de tanta idade, chegam a pôr os óculos para jogar e, tendo as mãos atacadas pela gota, pagam a alguém para que jogue os dados por eles? São tão loucos pelo jogo, e nele experimentam tão extremo prazer, que sou levada a considerá-lo como de minha atribuição. Mas, muitas vezes, o jogo transforma-se em raiva e furor e, então, inclino-me a atribuí-lo mais às fúrias do que a mim.

Mas eis que se adiantam algumas pessoas, que sem dúvida vivem sob as minhas leis: são os que se divertem ouvindo ou contando milagres e romanescas invencionices. Não acreditais? Pois esse bom gosto proporciona tal prazer que os sábios são indignos de experimentá-lo. É preciso, sim, é preciso ter nascido sob um particular auspício dos deuses para poder saborear tão doces quimeras. E o melhor é que nunca se fartam de ouvir semelhantes patranhas. Os milagres, os espectros, os duendes, os fantasmas, o inferno, e mil outras visões dessa natureza, são o assunto mais comum das conversas do vulgo ignorante, sendo que, quanto mais extraordinárias são essas coisas, com tanto maior prazer são elas ouvidas e facilmente acreditadas. E não penseis que tais histórias se contem apenas para iludir as horas de aborrecimento:

---

64. O promontório de Maleia, na Lacônia, província do Peloponeso, era tão perigoso que se costumava dizer: "Quando navegares diante de Maleia, esquece de todo a tua casa".

tornaram-se, na boca dos monarcas e dos pregadores, um meio de tirar proveito da crendice popular.

A essa espécie podem agregar-se, a justo título, os ridículos e originais supersticiosos, os quais, toda vez que têm a sorte de ver alguma estátua de madeira ou alguma imagem do seu polifêmico São Cristóvão,[65] ficam convencidos de que nesse dia não poderão morrer. Soldados há que, depois de uma pequena prece diante da imagem de Santa Bárbara, ficam certos de que sairão ilesos da batalha. Alguns acreditam que, invocando Santo Erasmo em certos dias, com certas orações e à luz de certas lamparinas, seja possível fazer uma grande fortuna em pouco tempo.[66] E que direi do hercúleo São Jorge, que para esses supersticiosos faz as vezes de um novo Hipólito?[67] Na verdade, não se pode deixar de rir diante de sua devoção, que consiste em ornar pomposamente o cavalo do santo e quase que em se prostrar diante do animal assim enfeitado, para adorá-lo. Fazem questão absoluta de conservar o favor e a proteção do cavaleiro por meio de alguma oferta, sendo inviolável para eles o juramento que fazem pelo seu penacho. Mas por que não falar dos que julgam que, em virtude dos perdões e das indulgências, não têm dívida alguma para com a divindade? Com a exatidão de uma clepsidra e da mesma maneira por que, matematicamente, sem recear erro de cálculo, medem os espaços, os séculos, os anos, os meses, os dias – assim também, com essa espécie de falazes remissões medem eles as horas do purgatório. Outra espécie de extravagantes é constituída pelos que, confiando em certos pequenos sinais exteriores de devoção, em certos palanfrórios, em certas rezas que algum piedoso impostor inventou para se divertir ou por interesse, estão convencidos de que irão gozar uma inalterável felicidade, conquistar riquezas, obter honras, satisfazer determinados prazeres, nutrir-se bem, conservarem-se sãos, viver

---

65. Alusão ao fato de São Cristóvão ser pintado como um gigante com uma planta na mão e metido no meio de um rio até às nádegas, justamente como Virgílio descreve Polifemo na *Eneida*, Livro V.

66. Os marinheiros invocam São Cristóvão; os soldados, Santa Bárbara e os avarentos, Santo Erasmo.

67. Hipólito: despedaçado pelos cavalos. Tornou-se célebre pela resistência oferecida ao amor pecaminoso de Fedra, sua madrasta.

longamente e levar uma velhice robusta. E, como se isso não bastasse, ainda esperam poder ocupar no paraíso um posto elevado, sob a condição, porém, de só passarem ao número dos beatos tão tarde quanto possível. Pensam, então, chegado o tempo de voar por entre as inefáveis e eternas delícias do céu, uma vez abandonados pelos bens da terra, a que se aferram de todo o coração.

Persuadidos dos perdões e das indulgências, ao negociante, ao militar, ao juiz, basta atirarem a uma bandeja uma pequena moeda, para ficarem tão limpos e tão puros dos seus numerosos roubos como quando saíram da pia batismal. Tantos falsos juramentos, tantas impurezas, tantas bebedeiras, tantas brigas, tantos assassínios, tantas imposturas, tantas perfídias, tantas traições, em uma palavra, todos os delitos redimem-se com um pouco de dinheiro, e de tal maneira redimem-se que se julga poder voltar a cometer de novo toda sorte de más ações. Quem já terá visto homens mais tolos, ou melhor, mais felizes do que os devotos, os quais julgam que entrarão infalivelmente no reino dos céus, recitando todos os dias sete versículos, que eu não sei quais sejam, dos salmos sagrados? No entanto, foi um demônio quem fez tão bela descoberta; mas, um demônio tolo, que tinha mais vaidade do que talento, tanto assim que cometeu a imprudência de exaltar o seu mágico segredo junto a São Bernardo,[68] que era muito mais esperto do que ele. E todas essas coisas não serão, talvez, excelentes loucuras? Ah! Como isso é verdadeiro! Até eu, que sou a Loucura, não posso deixar de sentir vergonha. No entanto, não é o público o único a aprovar tão completas extravagâncias. Sustentam a sua prática, dando o exemplo os próprios professores de teologia. E, já que viajo por esses mares, convém continuar a navegar. Digamos, assim, algumas palavras sobre a invocação dos santos. É curioso verificar que cada país gaba-se de ter no céu um protetor, um anjo tutelar, de forma que, em um mesmo povo, entre esses grandes e poderosos senhores da corte celeste, encontrem-se as diversas incumbências do protetorado. Um cura dor de dentes, outro assiste ao parto das mulheres; aquele

---

68. Conta-se que o diabo, encontrando um dia São Bernardo, gabou-se de saber sete versículos dos Salmos que, recitados diariamente, levariam na certa ao paraíso. O santo teve curiosidade de saber quais eram os versículos, mas o diabo não quis revelá-los. "Zombarei de ti," – disse-lhe então o santo – "pois vou recitar diariamente o *Saltério*, de forma que assim recitarei também os sete versículos". E o diabo, com receio de se tornar causa de tão grande devoção, acabou revelando o segredo.

faz achar os objetos perdidos, este vela pela segurança e prosperidade do gado; um salva os náufragos, outro confere a vitória nos combates. Suprimo o restante, porque será um nunca mais acabar.

Além desses, existem outros santos que gozam de um crédito e um poder universais, encontrando-se entre estes, em primeiro lugar, a mãe de Deus, a quem o vulgo atribui poder maior que o do seu próprio filho. Ora, as graças que os homens pedem aos santos não serão, talvez, insinuadas também pela Loucura? Dizei-me se, entre tantos votos religiosos de reconhecimento que vedes cobrindo por completo as paredes e as abóbadas das igrejas, já vistes pendurado um único de reconhecimento por cura milagrosa de loucura. Decerto que não: os homens não costumam importunar os santos para obter uma graça dessa natureza. Daí resulta que, por maior que seja a sua devoção, nunca se tornam nem um pouquinho mais sábios. Eis por que, enquanto se veem, suspensos dos altares, votos relativos a toda sorte de graças recebidas, nenhum encontra-se, todavia, que se refira a um caso curado de loucura. Aquele pendurou um voto por se ter salvo a nado quando julgava naufragar; este, porque não morreu de um grave ferimento recebido em uma briga; um outro, porque, enquanto os outros caíam prisioneiros do inimigo, conseguiu subtrair-se ao perigo, graças a uma feliz e valorosa fuga; aquele outro, porque, tendo sido condenado à forca como prêmio às suas boas ações, caiu do laço, graças a algum santo dos larápios, a fim de que, pior do que antes e em virtude da caridade do próximo, voltasse a roubar os que tivessem a bolsa muito cheia de dinheiro; um outro, por ter recuperado a liberdade rompendo as grades da prisão; outro, por se ter restabelecido facilmente de uma febre muito grave, com grande mágoa do médico, que esperava fazer uma cura mais longa e mais lucrativa; este, porque, em lugar da morte, encontrou remédio no veneno que lhe fora dado, enquanto sua mulher, que já suspirava pelo momento da libertação, ficou na maior amargura por ter falhado o golpe; outro, porque, tendo caído com seu carro, não teve receio algum e pôde reconduzir à casa, são e salvos, os cavalos; aquele, porque, tendo ficado soterrado em um desabamento, conseguiu salvar-se sem nada sofrer; outro, finalmente, porque, tendo sido pilhado em flagrante pelo marido de sua bela, saiu da enrascada com a maior desenvoltura.

Ora, bem vedes que ninguém deu graças a Deus, ou à Virgem, ou a qualquer santo, por ter recuperado o juízo. A Loucura tem tantos atrativos para os homens que, de todos os males, é ela o único que se estima como um bem. Mas, por que engolfar-me nesse oceano de superstições?

Se eu tivesse cem línguas e cem bocas.
E férrea voz, em vão de tantos tolos
As espécies contar eu poderia,
E de tanta tolice os vários nomes.[69]

De tal maneira está a vida de cada cristão repleta de semelhantes desejos! Bem sei que os sacerdotes não são tão cegos que não compreendam deformidades tão vergonhosas; mas é que, em lugar de purgar o campo do Senhor, eles empenham-se em semeá-lo e cultivá-lo de ervas daninhas, com toda a diligência, certos como estão de que estas costumam aumentar-lhes as ganhuças. Suponha-se que, em meio a todos esses prejuízos, surgisse um odioso moralista que, em tom apostólico, fizesse esta patética, mas verdadeira exortação: "Não basta ter devoção por São Cristóvão: é preciso, também, viver segundo a lei divina, para não chegar a um mau fim. Não basta oferecer uma pequena moeda para obter perdões e indulgências: é preciso, ainda, odiar o mal, chorar, velar, rezar, jejuar, em uma palavra, mudar de vida praticando constantemente o Evangelho. Confiais em algum santo? Pois segui os seus exemplos, vivei como ele viveu, e assim merecereis a graça do vosso santo protetor". Aqui entre nós: esse moralista não andaria mal falando dessa forma, mas, ao mesmo tempo, tiraria os homens de um estado de felicidade, para lançá-los na miséria e na dor.

Uma palavrinha acerca de uma espécie de doidos, porque seria um grande mal não os pôr igualmente em cena, quando honram tanto o meu império. Quero referir-me aos ricos que, vendo chegar o fim dos seus dias, providenciam grandiosos preparativos para uma passagem magnífica ao túmulo. É com grande prazer que se observa como esses moribundos aplicam-se seriamente às suas pompas fúnebres. Estabelecem, artigo por artigo, quantos círios e quantas velas devem arder nos seus funerais, quantas pessoas vestidas de luto, quantos músicos,

---

69. Virgílio, *Eneida*, Livro VI, e Homero, *Ilíada*, Canto VI.

quantos carpidores devem acompanhar o féretro, como se, depois de mortos, ainda pudessem conservar alguma consciência para gozar o espetáculo, ou soubessem ao certo que os mortos costumam ficar envergonhados quando os seus cadáveres não são sepultados com a magnificência exigida por seu próprio estado. Finalmente, parece que esses ricos consideram a morte como um cargo de edil, que os obrigue a ordenar festas populares e banquetes.

Embora seja fecundíssimo o meu assunto, e eu forçada a tratá-lo superficialmente, não poderei, contudo, silenciar sobre esses grandes panegiristas, esses vaidosos apreciadores da própria nobreza. Não é raro encontrar, entre estes, os que, com ânimo abjeto e vilíssimas e plebeias inclinações, vos pasmem à força de repetir: "Sou um fidalgo". Convém provar a antiguidade de suas estirpes? Um descende do piedoso Eneias; outro remonta ao primeiro cônsul de Roma; este procede, em linha reta, do rei Artur. Além disso, mostram as estátuas e os retratos dos antepassados: enumeram os bisavós e os tataravós; recordam os antigos sobrenomes e os feitos dos seus maiores. Enquanto isso, pouco diferem eles de uma estátua muda, e eu os diria mesmo quase inferiores às próprias figuras que vão mostrando. Esses idiotas fazem um alto conceito de si mesmos e estão sempre cheios da estéril ideia de sua ascendência. O que é fato, porém, é que, imbuídos dessa quimera, levam uma vida contente e feliz. Ora, o que contribui, em grande parte, para que em tão boa conta tenha-se esse belo fantasma de nobreza é justamente o respeito que o vulgo insano demonstra por eles, parecendo até enxergar nesse gênero de bestas, nesses nobres sem mérito, outras tantas divindades.

Mas, ao tratar do *amor-próprio*, por que hei de me restringir a apenas uma ou duas espécies de Loucura? Quantos meios surpreendentes não possuirá o meu caro *amor-próprio*, que vedes aqui presente, para impedir que o homem fique desgostoso de si mesmo? Olhai aquele rosto: não há macaco mais feio nem mais disforme; no entanto, julga-se um lindo rapaz. E, perto dele, o outro que traça duas ou três linhas com exatidão, à força de compasso! Intimamente, já se aplaude, julgando-se um Euclides. E aquele que está cantando, ainda pior do que um galo? Não importa: pensa ter uma voz paradisíaca. Todavia, há também outra espécie de loucura verdadeiramente agradável: alguns possuem um numeroso bando de criados, cada qual com uma boa qualidade, e julgam que essas boas qualidades sejam-lhes peculiares. Tal era, segundo Sêneca, aquele rico duplamente feliz que, ao pretender contar alguma história, tinha sempre ao redor os escravos que lhe auxiliavam a memória, sugerindo-lhe os vocábulos adequados, mesmo os mais comuns. Esse senhor era, além disso, tão fraco que bastava um pequeno sopro de vento para levá-lo ao chão: isso, contudo, não impedia que estivesse sempre disposto a bater-se a socos, fiando-se na força dos escravos, como se esta fosse sua.

É inútil passar aqui em revista os que professam as artes, porque com razão podem ser considerados os prediletos, os favoritos do meu *amor-próprio*. Em geral, essas pessoas estão de tal forma fanatizadas por seu pequeno mérito que prefeririam ceder uma parte do seu patrimônio a se confessar ineptas. Os cômicos, os músicos, os oradores, os poetas – eis aí, eis os melhores amigos do *amor-próprio*! Quanto mais ignorantes, tanto mais perfeitos julgam-se em sua arte, e, assim prevenidos em benefício próprio, aproveitam todas as ocasiões para celebrar os próprios louvores. Mas não penseis que não encontrem quem os aplauda, pois toda tolice, por mais grosseira que seja, sempre encontra sequazes. Mas ainda é pouco: quanto mais contrária ao bom senso é uma coisa, tanto maior é o número dos seus admiradores, e constantemente vê-se que tudo o que mais se opõe à razão é justamente o que se adota com maior avidez. Perguntar-me-eis por quê? Pois já não vos disse mil vezes? É porque quase todos os homens são malucos. A ignorância tem, pois, dois grandes privilégios: um, que consiste em estar de perfeito acordo com o *amor-próprio*; e outro, que consiste em trazer em si a maior parte do gênero humano. Por conseguinte, seríeis duas vezes ingênuos se quisésseis elevar-nos acima do nível comum, com toda a vossa ciência filosófica. Que pensais que obteríeis com isso? Podeis estar certos de que, além de vos custar muito caro semelhante propósito, chegaríeis ao ponto de não saberdes tolerar mais ninguém e de não poderdes por mais ninguém ser tolerados. Resultaria, enfim, que ninguém seria capaz de apreciar o vosso gênio e de penetrar os vossos sentimentos.

Parece-me novamente oportuno fazer outra reflexão sobre o *amor-próprio*. Façamo-la juntos. Todo homem, ao nascer, recebe o seu *amor-próprio* como um dom da natureza. Mas essa mãe comum não se limitou apenas ao homem, pois fez o mesmo presente à sociedade, de maneira que não se acha uma única nação, uma única cidade que não tenha o seu gosto particular. Os ingleses, por exemplo, amam com arrebatamento a beleza, a música e os banquetes lautos; os escoceses dão grande valor à nobreza e, sobretudo, à que deriva do sangue do seu rei, gabando-se, além disso, de serem raciocinadores sutis; os franceses atribuem-se a polidez e a civilidade, sendo que sobretudo os parisienses gabam a sua teologia; os italianos decantam a sua literatura e sua eloquência. Em suma, cada nação compraz-se em ser a única verdadeiramente civilizada e sem sombra de barbarismo. Pode dizer-se que os romanos são os mais enfatuados desse gênero de felicidade: Roma moderna sonha ainda participar da grandeza de Roma antiga. Os venezianos são felizes pela alta opinião que têm da própria nobreza. Vangloriam-se os gregos de terem sido os inventores das artes e das ciências, além de serem os descendentes dos famosos heróis que em seu tempo tanto estrépito fizeram no mundo. Os turcos e todos os outros povos semelhantes, que não passam afinal de um ajuntamento de bárbaros, jactam-se de serem os únicos que vivem no seio da verdadeira religião, ridicularizando as superstições e a idolatria dos cristãos. E que direi dos judeus? Estes vivem satisfeitíssimos, à espera do seu Messias, e, muito longe de se impacientar pela enorme demora, obstinam-se cada vez mais em esperá-lo, achando que não podem em absoluto estar enganados, apoiados como se encontram nas promessas do seu Moisés. Os espanhóis reservam para si toda a glória da guerra. Finalmente, os alemães pavoneiam-se por sua natureza gigantesca e por sua habilidade na ciência da magia.

    Mas, vamos! Liquidemos logo o assunto, que seria interminável. Estais vendo, agora, se não me engano, como o *amor-próprio* difunde por toda parte grandes alegrias, quer nos indivíduos, quer nas nações? Ao lado do *amor-próprio*, acha-se sempre a sua boa irmã – a *adulação*. Isso posto, respondei-me: em que consiste o *amor-próprio*? Não consistirá, porventura, em agradar, em satisfazer, em adular a si mesmo? Pois bem, quando procedeis dessa forma em relação aos outros, isso chama-se *adulação*. Hoje em dia, tem essa pobre *adulação* a desgraça de estar muito desacreditada, mas por quem? Por todas as pessoas que se ofendem mais com as palavras do que com os fatos. Acredita-se que a *adulação* não possa coadunar-se com a boa-fé.

Ideia falsa! Pois os próprios animais não nos mostram o contrário? Em vão procurava-se animal mais cortesão e adulador do que o cão, e, não obstante, quem pode vangloriar-se de ser mais fiel do que ele? O esquilo domesticado procura sempre brincar: será ele, por isso, menos amigo do homem? Se a *adulação* excluísse a boa-fé, seria preciso concluir, então, que os ferozes leões, os tigres cruéis e os irrequietos leopardos devem ser afeiçoados à espécie humana. Não ignoro que há péssima *adulação*, da qual costumam servir-se os maliciosos e os caçadores para arruinar e ridicularizar míseros tolos e vaidosos. Não é essa, porém, a minha *adulação* predileta, e praza a Deus que não a conheça nunca! Provém a minha da doçura, da bondade, da inteireza de coração, e tanto se avizinha da virtude como se distancia de um caráter rude, insociável e importuno, que, como diz Horácio, desgosta e afasta. A minha *adulação* reanima os espíritos abatidos, alegra os melancólicos, estimula os poltrões, desperta os estúpidos, restabelece os enfermos, acalma os furibundos, forma e mantém os amores. A minha *adulação* incita as crianças ao trabalho e ao estudo, e consola os velhos. Sob o manto do louvor, censura e instrui os monarcas, sem ultrajá-los. Enfim, minha *adulação* faz que os homens, como outros tantos Narcisos[70], apaixonem-se por si mesmos, dando origem à principal felicidade da vida.

Quem já viu ação mais delicada e mais grata que a praticada por dois bons e honestos burros que se coçam mutuamente? É a esse mútuo auxílio que se dirige em grande parte a eloquência, muito a medicina e ainda mais a poesia. Devo acrescentar que essa *adulação* é o mel, o condimento de toda a sociedade humana. Dizem os sábios que é um grande mal estar enganado; eu, ao contrário, sustento que não estar é o maior de todos os males. É uma grande extravagância querer fazer consistir a felicidade do homem na realidade das coisas, quando essa realidade depende exclusivamente da opinião que dela se tem. Tudo na vida é tão obscuro, tão diverso, tão oposto, que não podemos certificar-nos de nenhuma verdade. Tal era justamente o princípio dos meus acadêmicos que se mostravam nisso menos orgulhosos que todos os outros filósofos. Porque, se há verdades que, tendo sido bem demonstradas,

---

70. Narciso, filho do deus-rio Cefiso e da ninfa Leríope, foi um jovem de grande beleza que, vaidoso de si mesmo, amou-se com tanto ardor que acabou morrendo de fraqueza.

não deixam lugar às dúvidas, quantas não serão – pergunto – as que perturbam a tranquilidade e os prazeres da vida? Os homens, enfim, querem ser enganados e estão sempre prontos a deixar o verdadeiro para correr atrás do falso. Quereis disso uma prova sensível e incontrastável? Ide assistir a um sermão, e vereis que, quando o cacarejador (Oh! Que injúria! Enganei-me, desculpai-me) queria dizer, quando o pregador aborda o assunto com seriedade e apoiado em argumentos, o auditório dorme, boceja, tosse, assoa o nariz, relaxa o corpo, inteiramente enjoado. Se, porém, o orador, como quase sempre é o caso, conta uma velha fábula ou um milagre da lenda, então o auditório logo se agita, os dorminhocos despertam, todos os ouvintes levantam a cabeça, arregalam os olhos, prestam atenção. Nunca observastes que, ao celebrar-se em uma igreja a festa de um santo poético ou romântico – por exemplo, de um São Jorge, de um São Cristóvão, de uma Santa Bárbara – em geral se costuma consagrar-lhe uma pompa e uma devoção bem maiores que a que se consagra a São Pedro e São Paulo, e ao próprio Nosso Senhor? Mas não é este o lugar apropriado para tal questão.

Voltemos ao nosso assunto. Quanto não custa conquistar a felicidade de opinião! Que os que pretendem repor a felicidade no gozo das coisas tenham a bondade de observar quais e quantos são os sofrimentos que costumam causar mesmo os objetos menos importantes. Para fazermos um juízo a respeito, basta-nos lembrar as dificuldades que oferece o estudo da gramática. A opinião, ao contrário, é concebida sem esforço, insinua-se por si mesma no coração e contribui também, talvez mais do que a evidência e a realidade das coisas, para a felicidade da vida. Se um esfomeado come carne podre, cujo fedor obrigaria um outro a tapar o nariz, se ele a come com tanto gosto como se se tratasse do alimento mais fino, eu vos pergunto se por isso deve ser considerado menos feliz. Ao contrário, se um enfastiado comesse excelentes iguarias e, em lugar do seu gosto, sentisse náuseas, onde estaria, nesse caso, a sua felicidade? Para um homem que tem uma mulher feiíssima, mas na qual vê perfeitamente a sua amada, não é o mesmo que se tivesse desposado uma Vênus? O tolo que possui um mau e miserabilíssimo quadro, mas acredita possuir uma pintura de Zêuxis ou de Apeles, não se cansando de contemplá-lo e admirá-lo, não será incomparavelmente mais feliz do que o que, tendo comprado por elevado preço um quadro desses excelentes pintores, não experimente igual prazer aos contemplar as suas obras?

De um homem que tem a honra de trazer o meu nome, eu sei que, pouco depois das núpcias, deu de presente à sua mulher brilhantes falsos. Sendo ele um engraçado tratante, convenceu a mulher de que as pedras eram preciosas, tendo lhe custado uma grande soma. Ora, nada faltava ao prazer da esposa. Ela gostava de se enfeitar com aqueles pedaços de vidro e não se cansava de admirá-los, satisfeitíssima de possuir o imaginário tesouro, como se este fosse real. Ao mesmo tempo, o marido poupara uma despesa apreciável e estava contente com o engano da mulher, que lhe agradecia da mesma forma por que o teria feito se ele lhe tivesse dado um magnífico presente.

Merecem ser inclusos nessa categoria os habitantes da caverna de Platão.[71] Ao verem, os tolos, as sombras e as aparências de diversas coisas, admiram-nas e nada mais procuram, dando-se por satisfeitos. Já os filósofos, por estarem fora da caverna, não só observam os mesmos objetos como lhes investigam os mistérios. Não terão uns e outros o mesmo prazer? Se o remendão Micilo,[72] de que fala Luciano, tivesse podido passar o restante dos seus dias ao belíssimo sonho em que se embalava quando o despertaram, poderia ele desejar felicidade maior?

Não haveria, pois, diferença alguma entre os sábios e os loucos, se não fossem mais felizes estes últimos. Sim, porque estes o são por dois motivos: o primeiro é que a felicidade dos loucos não custa nada, bastando um pouquinho de persuasão para formá-la; o segundo é que os meus loucos são felizes mesmo quando estão juntos com muitos outros. Ora, é impossível gozar um bem quando se está sozinho.

Os sábios são em número tão escasso que nem vale a pena falar deles, e eu desejaria saber mesmo se é possível descobrir algum. No

---

71. Dizia Platão que eram leigos e sonhadores os que menosprezavam as ideias divinas e as coisas espirituais com o fim de se entregarem totalmente aos prazeres do corpo. "Esses homens" – disse o filósofo – "são escravos de si mesmos e têm por domicílio uma caverna."

72. Segundo Luciano, não passava Micilo de um pobre remendão. Tendo este, certa vez, ceado admiravelmente em casa de um vizinho abastado, sonhou que tinha ficado rico e, depois, carregado às costas, ia gozar todos os bens da opulência. Como, porém, um galo o despertasse com seu canto, ele teve tal decepção e ficou tão furioso que pouco faltou para matar o importuno cantor.

curso de tantos séculos, a Grécia vangloria-se de ter produzido apenas sete sábios. É, na verdade, maravilhoso! O gênero humano deve mesmo muito a essa felicidade da Grécia! Foram mesmo sete? Pois pedi a Deus que não vos venha o desejo de anatomizá-los cuidadosamente, porque, de contrário (juro-vos por Hércules, arrebento-vos a cabeça), não encontraríeis, decerto, nem a metade de um filósofo e talvez nem mesmo um terço.

Quero louvar-me ainda em um outro fato. Entre os numerosos méritos que os poetas costumam atribuir a Baco, o que se mantém e é realmente o primeiro é o que consiste em tirar e dissipar do ânimo dos mortais as aflições, as inquietações e a tristeza, perversas filhas da razão: mas, por pouco tempo, porque, depois de algumas horas de sono, voltam a nos atormentar imediatamente e, como se costuma dizer, a todo o galope. Não será isso inteiramente o oposto do bem que proporciono aos mortais? Eu os embriago, mas também lhes tiro a razão. Minha embriaguez é muito diferente da de Baco: enche a alma de alegria, de tripúdio e de delícias, dura até o fim da vida e não custa dinheiro nem dá remorsos.

Os homens devem-me ser particularmente gratos, pois não permito que haja entre eles algum que não sinta mais ou menos os defeitos da minha beneficência. Nenhuma das outras divindades reparte igualmente, entre os mortais, os seus favores. Não cresce por toda parte aquele vinho generoso e saboroso que afasta as aflições importunas e enche até o ânimo mais melancólico de alegria, de coragem e de esperanças. Vênus raramente concede o dom da beleza; Mercúrio dá a poucos a eloquência e Hércules é parco em se dispensar das riquezas; o homérico Júpiter na cabeça de muito poucos põe a coroa; Marte frequentemente recusa aos dois exércitos o seu auxílio; Apolo costuma dar respostas desagradáveis aos que consultam o seu oráculo; o filho de Saturno constantemente lança suas flechas; Febo às vezes manda a peste e Netuno mata mais pessoas do que salva. Quanto às horríveis divindades chamadas *Véjoves*,[73] como seriam Plutão, a Discórdia, o

---

73. Divindade infernal na mitologia romana. Erasmo emprega o nome na acepção coletiva de divindades infernais às quais os romanos sacrificavam sem esperar outra ajuda a não ser a de não criar obstáculo aos seus projetos e desejos.

Castigo, a Febre, e outras tantas que deveriam antes chamar-se carniceiras que divindades, não merecem em absoluto que eu me dê ao trabalho de lhes fazer alusão.

Portanto, a verdade é que os outros deuses não são bons e benéficos para todos os mortais, sendo a Loucura a única deusa que cumula de favores todo o gênero humano. E o admirável é que a minha generosidade não é manchada por nenhum interesse. Sou a única que não exige nem votos nem ofertas. Minha divindade não se ofende nem ordena vítimas de expiação, quando omitida alguma cerimônia do meu culto. Não ponho em desordem o céu e a terra para vingar-me de alguém que, tendo convidado todos os outros deuses, só a mim tenha esquecido em casa, deixando-me à margem do odor e da fumaça das vítimas sacrificadas. Para confusão e vergonha dos outros deuses, deverei eu mesma dizer que se mostram tão incontentáveis e caprichosos que seria um mal absolutamente menor deixá-los em abandono do que adorá-los. Com eles se deveria fazer o que se costuma praticar com as pessoas intratáveis a inclinadas ao mal, isto é, cortar com eles toda correspondência, uma vez que tão caro é o preço de sua amizade.

E quem acreditaria, agora, que essa minha conduta devesse provocar desprezo? Até agora, é voz geral, ninguém pensou em prestar à Loucura honras divinas; ninguém consagrou-lhe um templo, ninguém nutriu-a com vapores das vítimas. Para falar-vos com franqueza, e creio que já o disse, tamanha ingratidão causa-me grande surpresa; mas pouco me importa isso e, de acordo com a minha natural facilidade, não levo a coisa a mal. Eu cheiraria à sabedoria e seria indigna de ser Loucura se reclamasse essas honras divinas. Que é que se me ofereceria sobre os altares? Um pouco de incenso, um pouco de farinha, um bode, um porco. Poderia eu permitir que se degolassem esses inocentes animais para deleitar-me o olfato? Oh! Que ridículas bagatelas! Tenho um culto, sim, um culto que abrange o mundo inteiro e que todos os mortais me prestam, e os próprios teólogos o consolidam pelo exemplo. Não tenho a bárbara e cruel ambição de Diana, que vê com prazer as vítimas humanas, mas creio, ao contrário, ser religiosamente servida e venerada quando me vejo esculpida em cada coração e representada pelos costumes e conduta.

A propósito de culto, o que os cristãos prestam aos santos consiste quase todo em amá-los e imitá-los. Oh! Como são numerosos os que, em pleno meio-dia, acendem velas aos pés da Virgem Mãe de Deus! Mas não se acha quase nenhum que siga os seus exemplos de castidade, de modéstia, de zelo pela causa da salvação. No entanto, a imitação das suas virtudes seria o único culto capaz de assegurar o céu aos devotos.

De resto, por que hei de exigir um templo se possuo um tão vasto e tão belo, que é a terra inteira? Não me faltam ministros, nem sacerdotes, salvo nos lugares onde não existe nenhum homem. Eu não desejaria que me julgásseis tão idiota ao ponto de me preocupar com estátuas e imagens: tais figuras seriam de resultados bem funestos para o nosso culto, pois que muitas vezes sucede que os devotos estúpidos e materiais tomam a imagem pelo santo, e, nesse caso, a nossa sorte seria a mesma dos que são suplantados por seus vigários. Todos os mortais são estátuas a mim erigidas, imagens vivas da minha pessoa, mesmo contra a própria vontade. Consinto, pois, de bom grado, que os outros deuses tenham templos, um em um canto da terra, outro em outro, e sejam festejados apenas em certos dias do ano. Adore-se Pebo em Rodes, Vênus em Chipre, Juno em Argos, Minerva em Atenas, Júpiter no Monte Olimpo, Netuno em Taranto, Priapo em Lâmpsaco. Quanto à minha condição divina, será sempre mais gloriosa que a deles, enquanto a terra for meu templo e todos os mortais, as minhas vítimas.

Poderá, talvez, parecer a alguém que eu esteja pregando impudentes mentiras. Quero, porém, mostrar-vos que tudo isso é a pura verdade. Reflitamos um pouco sobre a vida humana, e se eu não vos demonstrar que sou a deusa à qual todos os homens são mais gratos e que eles mais estimam, desde o cetro ao bastão do pastor, acima de todas as coisas, estou disposta a deixar de ser a Loucura. Não quero, contudo, dar-me ao trabalho de percorrer todas as condições, pois demasiado longa seria a carreira. Limitar-me-ei, assim, a indicar as principais, das quais facilmente poder-se-á inferir o restante.

* * *

A começar pelo vulgo, ou seja, a gentinha, não há dúvida de que todo ele me pertence, pois tão fecundo é em toda sorte de loucuras, tal é o número das que descobre diariamente, que mil Demócritos seriam poucos para se rir bastante, sendo que esses mil Demócritos ainda precisariam de outro Demócrito para se rir deles. É incrível dizer-se quanto esses grosseiros homenzinhos servem diariamente de divertimento, de riso e de chacota aos deuses. Para vos convencerdes disso, convém dizer-vos uma coisa. Os deuses são sóbrios até à hora do almoço, empregando essas horas matinais em contenciosas deliberações e em escutar as preces dos mortais. Terminada a refeição, ao sentirem subir à cabeça os vapores do néctar sorvido a largos goles, não sabem mais aplicar-se a assuntos de alguma importância. Que pensais que eles fazem, então, para restaurar o cérebro? Reúnem-se todos na parte mais elevada do céu e, sentados lá em cima, olham para baixo, divertindo-se à grande com o espetáculo das várias ações humanas. Deuses imortais! Que bela e ridícula comédia não resultará de todos os movimentos dos loucos? Bem posso dizê-lo, pois que às vezes participo desse divertimento das divindades poéticas.

Um apaixona-se perdidamente por uma mulherzinha e, quanto menos correspondido, tanto mais acesa torna-se sua paixão amorosa; outro casa-se com o dote e não com a moça; outro prostitui a própria mulher, vendendo-a ao primeiro que encontra; outro, finalmente, agitado pelo demônio do ciúme, espia como um Argos a conduta da esposa. E que coisas estranhas não se dizem e fazem quando morre um parente próximo? Chega-se ao ponto de pagar a pessoas que finjam chorar e gesticulem como cômicos. Quanto maior é a alegria experimentada pelo coração, tanto maior é a tristeza que o rosto aparenta, o que deu origem ao provérbio grego: *Chorar na sepultura da madrasta.* Este tira o quanto pode, seja de onde for, e dá tudo de presente à própria barriga, com o risco de morrer de fome depois de satisfeita a gulodice; aquele põe toda a sua felicidade no ócio e no sono; há alguns que, preocupados sempre com os negócios alheios, descuram inteiramente dos próprios interesses; veem-se os que contraem dívidas para pagar as dos outros e, quando julgam-se ricos, verificam que estão falidos; há os que, vivendo pobremente, não conhecem outra felicidade senão a de enriquecer os seus herdeiros; outros, ávidos de riquezas, percorrem os mares em busca de um ganho incerto, confiando às ondas e aos ventos uma vida que nenhum ouro do mundo poderia resgatar; outros, sedentos de sangue, preferem tentar a sorte no meio dos perigos e dos horrores da guerra a passar seus dias, cômoda e tranquilamente, no seio da família; enfim, gabam-se de uma gorda herança, quando conseguem apoderar-se do ânimo de algum velho que está para morrer sem herdeiros, ou quando têm a fortuna de cativar a graça e o favor de uma rica velhota. Mas, depois, como se riem os deuses, ao verem esses pescadores de dinheiro nas próprias redes!

Os negociantes, sobretudo, são os mais sórdidos e estúpidos atores da vida humana: não há coisa mais vil do que a sua profissão, e, como coroamento da obra, exercem-na da maneira mais porca. São, em geral, perjuros, mentirosos, ladrões, trapaceiros, impostores. No entanto, devido à sua riqueza, são tidos em grande consideração e chegam a encontrar frades aduladores, particularmente entre os mendicantes, que lhes fazem humildemente a corte e publicamente lhes dão o nome de veneráveis, a fim de lhes abiscoitar uma parte dos mal adquiridos tesouros. Veem-se, também, alguns sequazes de Pitágoras que, adotando a opinião desse filósofo, segundo a qual todos os bens são comuns, usurpam conscientemente tudo o que podem, como se conseguissem uma herança legítima. Outros, imaginando-se ricos, arquitetam belíssimas quimeras de fortuna e vivem felizes nas suas esperanças. Alguns querem passar por ricos, embora às vezes chegue a lhes faltar o necessário. Um apressa-se a esbanjar todos os seus bens, enquanto outro está sempre preocupado em acumular, por meios lícitos e ilícitos, tudo o que pode. Há os que anseiam por obter um cargo, e os que, acima de tudo, preferem viver ociosamente sentados a um canto do lar. Enfurecem-se as partes com a demora do processo, parecendo apostar qual das duas tem mais a possibilidade de enriquecer um juiz venal e um advogado prevaricador, cujo intuito não é senão prolongar a demanda, que só para eles traz vantagens. Uns vivem tentando renovar, outros meditam grandes empresas. Alguns empreendem uma romaria a Jerusalém, a Roma, a São Tiago, onde não têm nada que fazer, enquanto deixam abandonados em casa a mulher e os filhos, que tanto necessitam de sua presença.

Se, finalmente, pudésseis observar, do mundo da lua, como o fez Menipo, as inúmeras agitações dos mortais, decerto acreditaríeis estar vendo uma densa nuvem de moscas ou de pernilongos brigando, insidiando-se, guerreando-se, invejando-se, espoliando-se, enganando--se, fornicando-se, nascendo, envelhecendo, morrendo. Não podeis sequer imaginar os horrores e as revoluções com que enche a terra esse animalzinho, tão pequeno e de tão pouca duração, que vulgarmente chama-se *homem*. Quantas vezes um rápido turbilhão guerreiro ou pestífero basta para subtrair e dizimar em um momento muitos milhares de homens! Mas eu própria seria profundamente estúpida e mereceria que Demócrito se risse de mim a valer, se pretendesse descrever todas as extravagâncias e loucuras do vulgo. Passemos, pois, a falar dos que conservam, entre os homens, uma aparência de sabedoria e possuem, como dizem eles, esse ramo de louro de Virgílio.

Entre esses, ocupam o primeiro posto os gramáticos, ou seja, os pedantes. Essa espécie de homens seria decerto a mais miserável, a mais aflita, a mais malquista pelos deuses, se eu não tivesse o cuidado de mitigar os incômodos de tal profissão com gêneros especiais de loucura. Não estão eles sujeitos apenas às cinco pragas e aos flagelos do epigrama grego, mas ainda a seiscentos outros. Sempre famélicos e sujos nas suas escolas, ou melhor, nas suas cadeias ou lugares de suplícios e de tormentos, no meio de um rebanho de meninos, envelhecem de fadiga, tornam-se surdos com o barulho, ficam tísicos com o fedor e a imundície. No entanto, quem o diria? Graças a mim, os pedantes julgam-se os primeiros homens do mundo. Não podeis imaginar o prazer que experimentam fazendo tremer os seus tímidos súditos com um ar ameaçador e uma voz altissonante. Armados de chicote, de vara, de correia, não fazem senão decidir o castigo, sendo ao mesmo tempo partes, juízes e carrascos. Parecem-se mesmo com o burro da fábula, o qual, por ter às costas uma pele de leão, julgava-se tão valoroso como este. A sua imundície afigura-se-lhes asseio; o fedor serve-lhes de perfume; e, acreditando-se reis em meio à sua miserabilíssima escravidão, não desejariam trocar as próprias tiranias pelas de Fálaris ou de Dionísio.[74] O que sobretudo contribui para torná-los felizes é a ideia que fazem da própria erudição. Embora não façam senão meter palavras insignificantes e insulsas frivolidades na cabeça das crianças confia-

---

74. Fálaris, como vimos na nota 6, era um tirano crudelíssimo de Agrigento. – Dionísio, famoso tirano de Siracusa, foi expulso do reino por seus próprios súditos, em virtude das grandes crueldades que cometera. Ao chegar a Corinto, a fim de exercer o mister de mestre-escola, disse: "Também isto é reinar".

das aos seus cuidados – santo Deus! –, consideram um nada diante deles os Palêmones e os Donatos.[75] Nem mesmo sei com que meios conseguem lisonjear as estúpidas mães e os idiotas pais dos alunos, ao ponto de serem realmente considerados como os ilustres homens que eles próprios se inculcam. Acrescentemos a isso outro gênero de prazer por eles experimentado toda vez que conseguem descobrir, em um velho papelucho todo sujo e comido de traças, o nome da mãe de Anquises ou alguma palavra geralmente desconhecida – *bubsequam*, por exemplo, *bovinatorem*, *manticulatorem** – ou quando têm a sorte de encontrar um pedaço de lápide antiga, na qual se encontrem caracteres truncados, Ah! Por Júpiter imortal! Que tripúdio, que triunfo, que aplausos! Não foi certamente maior a alegria de Cipião ao subjugar a África, nem a de Dario ao conquistar a Babilônia. É indizível a alegria experimentada por esses pedantes, quando, ao lerem de porta em porta os seus versos gelados e insulsos, encontram por acaso algum admirador. Logo se julgam novos Virgílios e não sei se se gabam de que a alma de Marão tenha-lhes passado pelo cérebro. Oh! Como é bonito vê-los trocar, entre si, elogio por elogio, admiração por admiração, lisonja por lisonja! Se acontece de um homem da arte errar em alguma sintaxe e outro mais penetrante do que ele o perceber – santo Deus! – que cenas, que discussões, que injúrias, que invectivas!

A propósito de gramática, quero contar-vos uma bonita história: a história é verídica e, se eu estiver mentindo, quero ter todos os gramáticos contra mim (vede só que terrível declaração!). Conheço um homem de 60 anos que conhece perfeitamente o grego, o latim, as matemáticas, a filosofia, a medicina. Pois seríeis capazes de adivinhar com que se preocupa esse sábio universal, há uns vinte anos? Tendo abandonado todos os estudos, dedica-se exclusivamente à gramática, pondo o cérebro em um tormento contínuo. Só ama a vida para ter tempo de dirimir algumas dificuldades dessa importante arte, e morreria satisfeito se descobrisse um método seguro de distinguir bem as oito partes do discurso, coisa que, a seu ver, não conseguiram com perfeição nem os gregos nem os latinos. Bem vedes que é uma questão de suma importância para o gênero humano. Com efeito, não é mesmo uma miséria

---

75. Palêmones e Donato, dois famosos gramáticos.

*. Palavras rebuscadas para designar, respectivamente, boiadeiro, tergiversador, ladrão. (N.E.)

estar sempre correndo o risco de tomar uma conjunção por advérbio? Um tal equívoco mereceria uma guerra cruenta.

Quero, agora, observar-vos que há mais gramáticas do que gramáticos: só Aldo, um dos meus favoritos nesse gênero, publicou cinco. Pois bem: o meu cabeçudo estuda-as todas, mesmo quando escritas em um estilo bárbaro e insuportável; analisa-as todas, da primeira até à última, causando profunda inveja aos que escrevem tão mal sobre o assunto e torturado sempre pela dúvida de que possam roubar-lhe a glória e o fruto de suas longas fadigas. Que vos parece esse ridículo sábio? Devemos chamá-lo de louco ou delirante? Chamai-o do que quiserdes, desde que concordeis em que é graças a mim que esse animal sobrecarregado de misérias anda sempre tão satisfeito, tão orgulhoso de si mesmo e da sua sorte, a qual ele não trocaria pela dos mais ricos e poderosos reis da terra.

Já os poetas não me devem tanto, não porque não sejam igualmente loucos, mas porque têm o direito de ser membros *ex professo* do meu partido. Há muito tempo que se diz que "os poetas e os pintores formam uma nação livre". Os poetas fazem consistir toda a sua arte em impingir lorotas e fábulas ridículas para deleitar os ouvidos dos tolos. Isso não impede que, apoiados nessas ridicularias, gabem-se de obter uma divina imortalidade e ainda a prometam aos outros. O *amor-próprio* e a *adulação* são os seus conselheiros indivisíveis, e eu não tenho adoradores mais fiéis nem mais constantes do que eles.

Os oradores também pertencem à minha seita. Devo, porém, confessar-vos que não são os meus súditos mais fiéis, pois se assemelham, até certo ponto, aos filósofos. Apesar disso, além de serem igualmente cheios de amor-próprio e de vaidade, não deixam de ser fecundos em frivolidades, sendo que os mais célebres chegaram a escrever a sério extensos tratados sobre a maneira de pilheriar. O autor, pouco importa o nome, que dedicou a Herênio a arte de dizer, inclui a Loucura entre várias espécies de facécias. O próprio Quintiliano, esse príncipe dos retóricos, compôs sobre o riso um capítulo mais volumoso do que a *Ilíada*, de Homero. Segundo esses escritores, a loucura tem uma força maior do que a razão, porque, muitas vezes, aquilo que não se pode conseguir com qualquer argumento obtém-se com uma chacota. Finalmente, eu não desejaria ser a Loucura se a arte de provocar o riso com gostosas piadas não fosse exclusivamente minha.

Outra espécie de pessoas mais ou menos da mesma laia é constituída pelos que ambicionam uma fama imortal publicando livros. Todos esses escritores têm parentesco comigo, sobretudo os que só publicam coisas insípidas. Quanto aos autores que só escrevem para poucos, isto é, para pessoas de fino gosto e perspicazes, que não recusam o juízo de Pérsio e de Lélio, confesso-vos ingenuamente que merecem mais compaixão do que inveja. Imersos em uma contínua meditação, pensam, tornam a pensar, acrescentam, emendam, cortam, tornam a pôr, burilam, refundem, fazem, riscam, consultam, e nesse trabalho levam às vezes nove a dez anos, de acordo com o preceito de Horácio, antes do manuscrito ser impresso. Oh! Como me causam piedade tais escritores! Nunca estando satisfeitos com o seu trabalho, que recompensa podem esperar? Ai de mim!, um pouco de incenso, um reduzido número de leitores, um louvor incerto. Mas respondei-me francamente: compensarão essas tênues bagatelas o sacrifício do sono, mais doce do que tudo, da tranquilidade, dos prazeres, em uma palavra, de todas as doçuras da vida? É preciso acrescentar ainda que esses sonhadores que andam em busca de imortalidade arruinam a saúde, tornam-se pálidos, magros, remelentos e, às vezes, até cegos. São sempre miseráveis, invejados, não têm prazer algum e, como resultado, só conseguem apressar a velhice e a própria morte. Malgrado tudo isso, o nosso sábio considera suficiente, como remédio a tantos males, a aprovação de um ou dois remelentos da sua espécie.

Mas falemos, agora, de um autor que escreva sob os meus auspícios e do qual seja eu a Minerva. Não conhecendo a meditação, nem a tortura do cérebro, nem as vigílias, escreve tudo o que sonha, tudo o que lhe vem à cabeça. Tudo lhe parece surpreendente e divino. A pena mal pode acompanhar a velocidade da imaginação e dos pensamentos. Não despendendo mais do que um pouco de papel, escreve um mundo de disparates e de impertinências convencido de que, publicando bobagens, granjeará mais facilmente os aplausos da maioria, isto é, de todos os tolos e de todos os ignorantes. E quem poderá negar que esse homem seja verdadeiramente feliz? Responder-me-eis que, assim parecendo, é preciso renunciar completamente à esperança de ser aplaudido pelos verdadeiros doutos! Bolas! que grande sacrifício! Raramente sucede que esses críticos sábios e requintados deem importância ao meu autor. Mas, mesmo admitindo que todos eles o lessem, seria, igualmente, dispensável o seu sufrágio para secundar o dos tolos e ignorantes, que representam a opinião de quase todo o gênero humano. Poreis em dúvida essa verdade?

Compreendem-na ainda melhor os plagiários[76] que, com suas facilidades, apropriam-se das obras alheias, gozando da glória que aqueles dos quais eles a roubaram conseguiram com imensa dificuldade. Não ignoram esses impudentes que, mais dia menos dia, será descoberto o furto, mas em compensação esperam aproveitar-se dele por algum tempo. É um prazer doido ver como se pavoneiam quando elogiados; quando, ao passar por um lugar, são apontados e ouvem dizer: – *Olhe, aquele ali é um homem verdadeiramente admirável*; quando veem seus livros bem juntinhos e bem expostos na loja de algum livreiro. Seus nomes são lidos no alto de cada página, e são no mínimo três, todos estrangeiros, parecendo caracteres mágicos. Esses nomes – por Júpiter imortal! – não têm significação alguma, mas não deixam, em substância, de ser verdadeiros nomes! Considerando-se, além disso, toda a vastidão da Terra, pode dizer-se que pouquíssimos são os que os louvam, não sendo muito diverso do dos ignorantes o gosto dos sábios. Costuma também acontecer, frequentemente, que esses nomes são inventados e tomados de empréstimo aos antigos. Há, por exemplo, os que gostam de se chamar Telêmaco; outros, Esténelo; outros, Laerte; outros, Polícrates; outros, Trasímaco etc. Os nossos plagiários sentem-se orgulhosos de fazer reviver esses nomes mortos e adotá-los, mas fariam bem, igualmente, se se chamassem camaleões, abóboras etc., e, segundo o uso de alguns filósofos, dessem aos seus livros os títulos de *A* ou *B*. É engraçadíssimo ver essas azêmolas incensarem-se entre si nas letras, nas poesias e nos elogios "– Vencestes, Alceu[77]" – diz um. "– E vós, Calímaco,[78]" – responde o outro – "eclipsastes o orador romano". "– E vós superastes o divino Platão.". – Às vezes, es-

---

76. Plagiários eram os que roubavam as crianças e os escravos. A palavra tem, hoje, um sentido análogo, referindo-se aos que roubam ideias alheias.
77. Alceu de Mitilene, um dos maiores poetas líricos da Antiguidade. Inimigo figadal de Pítaco, de Periandro e de outros tiranos. Inventor dos versos alcaicos.
78. Calímaco, célebre poeta grego, nascido em Cirene. Segundo Quintiliano, era ele considerado, entre os gregos, como o príncipe dos poetas elegíacos. Catulo imitou-o. Afirmava Calímaco que um grande livro é um grande mal.

ses generosos campeões injuriam-se reciprocamente, a fim de aumentarem pela emulação a própria fama. Enquanto isso, o público fica suspenso, sem saber que partido tomar durante a polêmica. Mas, em geral, acontece que os bravos antagonistas fazem prodígios, merecendo ambos os louros da vitória e as honras do triunfo. No entanto, vós sábios, rides-vos dessas belas coisinhas e as considerais como verdadeiras loucuras. E quem poderá dizer que não tendes razão? Não podeis mesmo negar que somente eu faço a felicidade dos maus escritores e dos plagiários, que decerto não trocariam os seus triunfos pelos dos Alexandres ou dos Cipiões. Mas acreditarão esses doutos que eu vejo rir tão gostosamente, zombando da loucura alheia, que não me devem também alguma obrigação? Se assim é, fiquem certos de que ou são cegos ou miseravelmente ingratos. Passemos, pois, em revista as profissões dos doutos.

Pretendem os advogados levar a palma sobre todos os eruditos e fazem um grande conceito da sua arte. Ora, para vos ser franca, a sua profissão é, em última análise, um verdadeiro trabalho de Sísifo.[79] Com efeito, eles fazem uma porção de leis que não chegam a conclusão alguma. Que são o digesto, as pandectas, o código? Um amontoado de comentários, de glosas, de citações. Com toda essa mixórdia, fazem crer ao vulgo que, de todas as ciências, a sua é a que requer o mais sublime e laborioso engenho. E, como sempre se acha mais belo o que é mais difícil, resulta que os tolos têm em alto conceito essa ciência.

Podemos unir a esses, com toda a honra, os dialéticos e os sofistas, que fazem mais barulho do que todo o bronze dodônio,[80] sendo que cada um deles poderia superar em tagarelice mais de vinte mulheres, mesmo dentre as que costumam distinguir-se pelo falatório. Não obstante, ainda seria de desejar que não tivessem outro defeito a não ser o de falar demais; mas, por desgraça nossa, são sempre discussões de *lana caprina*, e, à força de discutir para sustentar a verdade (como

---

79. Sísifo, segundo os poetas, foi condenado a fazer rolar uma enorme pedra, sem parar, até ao cume de uma montanha. Mal, porém, chegava ao termo do seu trabalho, a pedra rolava para baixo.
80. No templo de Dodona, havia um lugar dedicado a Júpiter, no qual se achavam vários vasos dispostos de maneira tal que, ao se bater no primeiro, o som se propagava até ao último, produzindo um barulho insuportável.

pretendem eles), perdem de vista, o mais das vezes, a própria verdade. Esses eternos discutidores estão sempre contentes consigo mesmos e, armados de três ou quatro silogismos, sempre dispostos a desafiar para a controvérsia quem quer que seja e sobre qualquer argumento. A obstinação serve-lhes de espada invencível, pois não cedem nunca, ainda mesmo que tivessem de se medir com um Estentor.[81]

Seguem-se-lhes, imediatamente, os veneráveis filósofos, respeitáveis pela barba e pela túnica. Gabam-se de ser os únicos sábios e acreditam que todos os outros homens não passem de sombras móveis. Rasguemos esse véu de orgulho e de presunção e vejamos o que são os filósofos. Não passam, também, de ridículos loucos: quem poderá conter o riso ao ouvi-los sustentar seriamente a infinidade dos mundos? O sol, a lua, as estrelas, todos esses globos são por eles conhecidos tão bem como se os tivessem medido palmo a palmo ou com um fio. Sem duvidar de nada, eles vos dizem a causa do trovão, dos ventos, dos eclipses e de todos os outros mistérios físicos. Na verdade, ao ouvi-los falar com tanta convicção, qualquer um julgaria-os membros do grande conselho dos deuses ou testemunhas oculares da natureza quando tudo saiu do nada. Mas, a despeito disso, a natureza, essa hábil produtora do universo, parece zombar das suas conjecturas. Basta, com efeito, refletir-se sobre a estranha diversidade dos seus sistemas, para se dever confessar que eles não têm nenhuma ideia segura, pois que, enquanto gabam-se de saber tudo, não estão de acordo em nada. Os filósofos nem ao menos se conhecem, porquanto, ao tentarem elevar-se às mais sublimes especulações, caem em um buraco com que não contavam e quebram a cabeça contra uma pedra. Estragando a vista na contemplação meticulosa da natureza e com o espírito sempre distante, vangloriam-se de distinguir as ideias, os universais, as formas separadas, as matérias-primas, os *quid*, os *ecce*, em suma, todos os objetos que, de tão pequenos, só poderiam distinguir-se, se não me engano, com olhos de lince.

Em nenhuma outra ciência despreza-se tanto o vulgo profano como nas matemáticas, que consistem em triângulos, quadrados, círculos e outras figuras geométricas semelhantes, que se sobrepõem

---

81. Diz Homero que Estentor tinha uma voz tão forte que equivalia às de cinquenta pessoas falando ao mesmo tempo.

uma às outras, confundindo tudo como um labirinto. Por fim, atordoam os idiotas com diversas letras dispostas como um exército em ordem de batalha e subdivididas em várias companhias.

Mas não esqueçamos os astrólogos, aos quais o céu serve de biblioteca e os astros servem de livros. Graças a esse estudo, compreendem tudo muito bem e revelam o futuro, predizendo maiores prodígios do que os magos. E o mais bonito é que ainda têm a fortuna de encontrar crédulos.

Talvez fosse melhor não falar dos teólogos, tão delicada é essa matéria e tão grande é o perigo de tocar em semelhante corda. Esses intérpretes das coisas divinas estão sempre prontos a acender-se como a pólvora, têm um olhar terrivelmente severo e, em poucas palavras, são inimigos muito perigosos. Se acaso incorreis na sua indignação, lançam-se contra vós como ursos furibundos, mordem-vos e não vos largam senão depois de vos terem obrigado a fazer a vossa retratação com uma série infinita de conclusões; mas, se vos recusais a retratar-vos, condenam-vos logo como hereges. E, mostrando essa cólera, chamando de herege, de ateu, conseguem fazer tremer os que não concordam com eles. Embora não haja alguém que, tanto como eles, dissimule os meus favores, não é menos verdadeiro que me devem muito. Eis por que impus ao meu amor-próprio favorecê-los mais do que a todos os outros mortais, e de fato são eles os meus maiores prediletos. É por isso que, do alto da sua elevação e à maneira de tantos anjos que habitam o terceiro céu, consideram o restante dos homens como outros tantos animais bajuladores e têm piedade deles. Cercados de uma série de magistrais definições, conclusões, corolários, proposições explícitas, em suma, de tudo o que compõe a malícia da escola sacra, usam de tantos subterfúgios que o próprio Vulcano não conseguiria embrulhá-los, mesmo empregando a rede de que se serve para mostrar aos deuses os seus cornos nascentes. Não há nó que esses senhores não saibam desfazer de um golpe com a mais que tenédia bipene do *distinguo:* bipene formada de todos os novos vocábulos sonoros e empolados que nasceram no seio da sutileza escolástica.

Observemos os nossos oráculos em meio às suas mais sublimes funções; observemo-los, repito, a interpretar a seu talante os ocultos mistérios da salvação e por que motivo foi criado e ordenado o mundo. Trata-se de saber por que canais passou à posteridade a mancha do pecado original? Trata-se da Encarnação e da Eucaristia? Ah! Tais mistérios são muito batidos e dignos apenas de teólogos noviços! Eis as questões dignas dos grandes mestres, dos mestres iluminados, como dizem eles, os quais, ao tratar desses argumentos, agitam-se e tomam fôlego: – Houve algum instante na geração divina? – Jesus Cristo tem muitas filiações? – É possível esta proposição: – Deus Pai odeia seu filho? – Ter-se-ia Deus unido pessoalmente a uma mulher, ao diabo, a um burro, a uma abóbora, a uma pedra? – No caso de Deus ter-se unido à natureza de uma abóbora, como fez com a natureza humana, de que maneira essa beata e divina abóbora teria pregado, feito milagres e sido crucificada? – Como teria ela consagrado São Pedro, se este tivesse dito missa quando o corpo de Jesus Cristo estava pregado na cruz? – Poder-se-ia dizer, então, que o Salvador era um verdadeiro homem? – Será permitido comer e beber depois da ressurreição? (Essa dúvida existe no íntimo dos nossos reverendos, que muito satisfeitos ficariam com uma resposta a essa pergunta).

Mas não consiste somente nisso o armazém teológico; há ainda inúmeras outras argúcias, não menos frívolas e sutis do que as supracitadas. Tais são, por exemplo, o instante da geração divina, as noções, as relações, as formalidades, os *quid*, os *ecce*, e tantas outras quimeras de natureza semelhante. Duvido que alguém seja capaz de descobri-las, a não ser que tenha uma vista tão penetrante que lhe permita distinguir, através de densas nuvens, objetos inexistentes.

Acrescentemos a tudo isso a sua moral estranha e contraditória, diante da qual são um nada os paradoxos estoicos. Sustentam, por exemplo, que consertar o sapato de um pobre em dia de domingo é um pecado maior do que estrangular mil pessoas; que seria preferível deixar cair o mundo no nada de onde veio a proferir a menor mentira etc. Além disso, contribuem para sutilizar ainda mais essas sutilíssimas sutilezas todos os diversos subterfúgios dos escolásticos; e assim é que seria menos difícil sair de um labirinto do que se desembaraçar do embrulho dos realistas, dos noministas, dos tomistas, dos albertistas, dos occanistas, dos escotistas – ai de mim!, já me falta a respiração, e, contudo, só citei as principais seitas da escola, não falando de muitíssimas outras. Em todas essas facções, são tantas as erudições e tantas as dificuldades que, se os próprios apóstolos descessem à terra e fossem obrigados a discutir com os teólogos modernos, sobre essas sublimes matérias, sou de opinião que teriam necessidade de um novo espírito totalmente diverso daquele que, em seu tempo, dava-lhes a possibilidade de falar. São Paulo tinha fé, mas não deu uma definição da fé bastante magistral quando disse: *A fé é a substância da coisa esperada e o argumento da que não aparece.* No mesmo apóstolo, ardia o fogo da caridade, mas ele não se mostrou bem lógico ao omitir a definição e a divisão dessa virtude no capítulo XIII da sua Primeira Epístola aos Coríntios. Os apóstolos consagravam com devoção e com piedade o sacramento da Eucaristia: se tivessem, porém, de explicar como Deus pode passar de um lugar para outro por meio da consagração; como se dá a *transubstanciação*; como um mesmo corpo pode encontrar-se ao mesmo tempo em vários lugares; que diferença existe entre o corpo de Jesus Cristo no céu, na cruz e na Eucaristia; em que momento verifica-se a *transubstanciação*, de vez que a *fórmula sacramental*, como dizem eles, sendo composta de sílabas e de palavras, só pode ser pronunciada sucessivamente – creio eu que, se esses primeiros teólogos do cristianismo tivessem de dirimir tais dificuldades, teriam necessidade da agudeza dos escotistas, que são verdadeiros Mercúrios na arte de argumentar e definir. Tiveram os apóstolos, é verdade, a sorte de conviver com a mãe de Jesus, mas nenhum deles conheceu-a tão bem como os nossos teólogos, que provaram geometricamente ter sido a Virgem fecunda preservada da mancha do pecado original. São Pedro recebeu as chaves das próprias mãos do Homem-Deus, sendo de se supor que este não tivesse tido a intenção de colocá-las em más mãos; mas não sei se o beato pescador conhecia bem o significado daquelas místicas chaves. Nós, porém, sabemos, com certeza, que ele nunca perguntou a Deus, seu mestre, como poderia um grosseiro e ignorante pescador ter as chaves da ciência. Os apóstolos batizavam continuamente, mas apesar disso nunca ensinaram a causa formal, material, eficiente e final do batismo, nem fizeram menção do caráter delével e indelével do mesmo. Esses fundadores da religião cristã adoravam a Deus, mas a sua adoração apoiava-se neste princípio fundamental do Evangelho: *Deus é um espírito puro e é preciso adorá-lo em espírito e verdade.* Parece, igualmente, não ter sido revelado aos apóstolos que o culto, nas escolas chamado *latria*, possa prestar-se tanto a Jesus Cristo em pessoa como às suas imagens rabiscadas na parede com carvão, bastando que representem o Filho de Deus dando a bênção com os dois dedos, índice e médio, da mão direita levantada, e com a cabeça ornada por uma longa cabeleira e um tríplice círculo de raios. Mas como poderiam os apóstolos possuir tão grande e salutar erudição? Eles não encaneceram no fatigante estudo das ciências físicas e metafísicas de Aristóteles e dos escotistas. Os apóstolos costumam falar da graça, mas não distinguem a *graça gratuita* da *graça gratificante*; exortam às boas obras, mas não distinguem a *obra operante* da obra *operada*; inculcam a caridade, mas não separam a *infusa* da *adquirida*, além de não explicarem se essa amável e divina virtude é *substância* ou *acidente*, *criada* ou *incriada*; detestam o pecado, mas eu quisera morrer se eles já foram capazes de definir cientificamente o que chamamos de pecado, a não ser que tenham sido inspirados pelo espírito dos escotistas. Se São Paulo, pelo qual devemos julgar todos os outros apóstolos, tivesse tido uma boa teoria do pecado, teria ele condenado com tanta insistência as polêmicas, as contendas, as querelas, as discussões em torno de palavras? Digamos, pois, com franqueza, que São Paulo não conhecia as argúcias e as qualidades espirituais que distinguem os modernos, tanto mais quanto as controvérsias surgidas na primitiva Igreja não passavam de pueris mesquinharias diante do refinamento dos nossos mestres, que, em matéria de sutileza, ultrapassaram de muito o próprio sofista Crisipo.[82] – Façamos, porém, justiça à sua modéstia, pois não condenam o que os apóstolos escreveram com pouco acerto e precisão, mas se limitam a interpretá-lo de modo favorável, para usar de certa consideração para com a venerável antiguidade e para com o apostolado. Não seria, aliás, razoável pretender que os apóstolos tratassem dessas difíceis matérias, quando o seu divino mestre nunca disse-lhes uma palavra a respeito.

Já não têm a mesma consideração para com os Crisóstomos, os Basílios, os Jerônimos, os padres da Igreja, não encontrando dificuldade em pôr em certas passagens de suas obras: *Isto não foi recebido*. É preciso considerar que esses antigos doutores deviam refutar os filósofos pagãos e, naturalmente, os obstinadíssimos judeus; faziam-no, porém, mais pelo exemplo e pelos milagres do que com argumentos, tanto mais

---

82. Crisipo foi discípulo de Cleanto, sucedendo-lhe como orientador da escola dos estoicos.

quanto os primitivos inimigos do cristianismo eram de gênio tão limitado que nunca poderiam conceber um único princípio de Escoto. Mas adiantem-se agora, se quiserem; e os incrédulos, os pagãos, os judeus, os hereges, todos, sem exceção, deverão converter-se e ceder à força das ínfimas sutilezas dos teólogos modernos. É preciso ser estúpido ou impudente para não conhecer o valor das suas argúcias ou desprezá-las. Acho prudente aconselhar a rendição ao primeiro assalto ou a aceitação do desafio quando houver igualdade de armas. Mas, nesse caso, seria o mesmo que lançar um mago contra um mago, ou empregar uma espada encantada contra outra espada encantada. Seria, em suma, o mesmo que tecer o pano de Penélope.[83]

A propósito de combate, parece-me que os cristãos deveriam mudar as suas tropas na guerra movida contra os infiéis. Se em lugar da grosseira e material soldadesca, que há tanto tempo empregam inutilmente nas cruzadas, expedissem, contra os turcos e os sarracenos, os clamorosos escotistas, os obstinados occamitas, os invencíveis albertistas e toda a milícia dos sofistas, quem poderia resistir ao assalto dessas tropas coligadas? Bem ridícula seria, a meu ver, uma tal batalha, e inteiramente nova a vitória. Quem seria tão frio ao ponto de não se acender ao fogo das disputas? Quem seria tão poltrão ao ponto de não acorrer aos golpes dessas esporas? Quem pode gabar-se de ter tão boa vista que não se perturbe com o esplendor dessas sutilezas?

Pensais que eu esteja brincando? Não vos iludais. Um tal exército seria ainda menos numeroso do que se supõe, porque, entre os próprios teólogos, existem homens de uma doutrina sólida e judiciosa, aos quais causam náuseas essas frívolas e impertinentes argúcias, e os há ainda de uma consciência tão reta que experimentam por elas horror, como que por uma espécie de sacrilégio. "– Que horrível heresia!" – exclamam eles – em lugar de adorarem a impenetrável obscuridade dos nossos mistérios (que justamente por isso são mistérios), pretendem explicá-los. E de que maneira? Com uma linguagem imunda e argumentos não menos profanos que os dos gentios. Arrogam-se insolentemente o direito de definir e discutir verdades incompreensíveis,

---

83. Segundo Homero, Penélope desmanchava à noite o pano tecido de dia, a fim de frustrar as esperanças dos Proces na ausência de Ulisses. Penélope prometera aos Proces que se casaria logo que o pano estivesse terminado.

profanando assim a majestade da teologia com as palavras e sentenças mais insulsas e triviais.

No entanto, esses insignificantes faladores envaidecem-se com sua vazia erudição e experimentam tanto prazer em ocupar-se dia e noite com essas suavíssimas nênias que nem tempo lhes sobra para ler ao menos uma vez o Evangelho e as cartas de São Paulo. E o mais bonito é que, enquanto assim cacarejam em suas escolas, imaginam-se os defensores da Igreja, que cairia, na certa, se cessassem um momento de sustentá-la com a força dos seus silogismos, exatamente como Atlante, segundo os poetas, sustenta o céu com as costas.

Contam ainda os nossos discutidores com outro grande motivo de felicidade. As Escrituras são, em suas mãos, como um pedaço de cera, pois costumam dar-lhes a forma e o significado que mais correspondam ao seu gênio. Pretendem que as suas decisões acerca das Sagradas Escrituras, uma vez aceitas por alguns outros escolásticos, devam ser mais respeitadas do que as leis de Sólon e antepostas aos decretos dos papas. Erigem-se em censores do mundo e, se alguém se afasta um pouquinho das suas conclusões, diretas ou indiretas, obrigam-no logo a se retratar, sentenciando como oráculos: *Essa proposição é escandalosa, esta aqui é temerária, aquela cheira a heresia, aquela outra soa mal.* Dessa forma, nem o Evangelho, nem o batismo, nem Paulo, nem Pedro, nem Jerônimo, nem Agostinho, nem o próprio Tomás de Aquino, embora aristotélico fanático, saberiam fazer um ortodoxo sem o beneplácito desses bacharéis, tão necessária é a sua sutileza para bem decidir da ortodoxia. Quem teria suspeitado que não fosse cristão alguém que sustentasse serem igualmente boas as duas proposições: *Sócrates, corres* e *Sócrates corre*, se os teólogos de Oxford não tivessem querido fazer sabê-lo, fulminando as duas proposições como condenáveis? Como se teria purgado a Igreja de tantos erros, se não tivesse podido distingui-los antes de ter sido aplicado o grande sigilo da universidade às proposições condenadas?

Não considerareis felicíssimas essas pessoas? Mas prossigamos ainda um pouco. Quantas lindas lorotas não vão esses doutores impingindo a respeito do inferno? Conhecem tão bem todos os seus apartamentos, falam com tanta franqueza da natureza e dos vários graus do fogo eterno, e das diversas incumbências dos demônios, discorrem, finalmente, com tanta precisão sobre a república dos danados, que parecem já ter sido cidadãos da mesma durante muitos anos. Além disso, quando julgam conveniente, não se poupam ao trabalho de criar ainda novos mundos, como o mostraram formando o décimo céu, por eles denominado *empíreo* e fabricado expressamente para os beatos, sendo mais do que justo que as almas glorificadas tivessem uma vasta e deliciosa morada para aí gozarem de todo o conforto, divertindo-se juntas e até jogando a pela quando tivessem vontade.

Os nossos finos pensadores têm a cabeça tão cheia, tão agitada por essas bobagens, que decerto não estava mais cheia a cabeça de Júpiter quando, ao querer parir Minerva, implorou o socorro do machado de Vulcano. Não vos admireis, pois, ao vê-los aparecer nas defesas públicas com a cabeça cuidadosamente cingida com tantas faixas, pois não fazem senão procurar impedir, por meio desses respeitáveis liames, que ela arrebente de todos os lados em virtude da porção de ciência de que o seu cérebro acha-se sobrecarregado. Não posso deixar de rir (podeis, agora, ver se não se trata de um grande argumento, pois que a Loucura raramente ri), não posso deixar de rir ao escutar essas célebres personagens, que nem sequer falam, mas balbuciam. Só se reputam teólogos quando perfeitos senhores de sua bárbara e porca linguagem, que só pode ser entendida pelos da arte; gabam-se disso, chamando-lhe *agudeza* e dizendo com arrogância que não falam para o vulgo profano; e acrescentam que a dignidade das santas escrituras não permite subordiná-las às regras gramaticais. Admiremos a majestade dos teólogos! Somente a eles é permitido falar incorretamente e, quando muito, concede-se que o vulgo lhes dispute essa prerrogativa. Finalmente, os teólogos colocam-se imediatamente depois dos deuses e quando, por uma espécie de religiosa veneração, ouvem-se chamar *nossos mestres*, imaginam ver nesse título alguma coisa daquele inefável nome composto de seis letras e tão adorado pelo judeus. Nessa presunção, querem que se escreva MESTRE NOSSO, com letras maiúsculas, sendo esse título tão misterioso que, se em latim se modificassem a ordem das duas palavras e se pusesse o *Nosso* antes do *Mestre*, tudo estaria perdido, ou pelo menos sofreria um grande vexame a majestade do nome teológico.

Depois desses, segue-se imediatamente a espécie melhor do gênero animal, isto é, os que vulgarmente chamam-se *monges* ou *religiosos*. Seria, porém, abusar grosseiramente dos termos chamá-los, ainda hoje, por tais nomes. Com efeito, por via de regra, não há pessoas mais irreligiosas do que essas e, como a palavra *monge* significa *solitário*, parece-me não se poder aplicá-la mais ironicamente às pessoas que se encontram em toda parte, acotovelando-se a cada passo. Sem o meu socorro, que seria desses pobres porcos dos deuses? São de tal forma odiados que, quando por acaso são vistos, costuma-se tomá-los por aves de mau agouro. Isso não impede que cuidem escrupulosamente da sua conservação e se considerem personagens de alta importância. A sua principal devoção consiste em não fazer nada, chegando ao ponto de nem ler. Sem dar-se ao trabalho de entender os salmos, já se julgam demasiado doutos quando lhes conhecem o número, e, quando os cantam em coro, imaginam enlevar o céu com a asnática melodia. Entre esse variegado rebanho, encontram-se alguns que se gabam da própria imundície e da própria mendicidade, indo de casa em casa esmolar, mas com uma fisionomia tão descarada que parecem mais exigir um crédito do que pedir esmola. Albergues, botequins, carros, diligências, todos, em suma, são por eles importunados, com grande prejuízo dos verdadeiros necessitados. É dessa forma que pretendem ser, como dizem eles, os nossos apóstolos, com toda a sua imundície, toda a sua ignorância, toda a sua grosseria, todo o seu descaramento. Nada mais ridículo do que a ordem exata e precisa que observam em todos os seus atos: tudo é feito por eles a compasso e à medida. Os sapatos devem ter tantos nós, o cíngulo deve ser de tal cor, a roupa composta de tantas peças, a cinta de tal qualidade e de tal largura, o hábito de tal forma e de tal tamanho, a coroinha de tantas polegadas de diâmetro. Além disso, devem comer a tal hora, tal qualidade e tal quantidade de alimento, dormir somente tantas horas etc. Ora, todos podem compreender muito claramente que é impossível conciliar tão precisa uniformidade com a infinita variedade de opiniões e de temperamentos. Pois é nessa metódica exterioridade que os monges encontram argumento para desprezar os que eles chamam de *seculares*. Muitas vezes, dá causa a sérias contendas entre as diferentes ordens, a ponto de essas santas almas que se vangloriam de professar a caridade apostólica se destruírem mutuamente. E por quê? Em virtude de um cíngulo diverso ou da cor mais carregada da roupa.

Alguns desses *reverendos* mostram, contudo, o hábito de penitência, mas evitam que se veja a finíssima camisa que trazem por baixo; outros, ao contrário, trazem externamente a camisa, e a roupa de lã sobre a pele. Os mais ridículos, a meu ver, são os que se horrorizam ao verem dinheiro, como se se tratasse de uma serpente, mas não dispensam o vinho nem as mulheres. Não podeis, enfim, imaginar quanto se esforçam por se distinguirem em tudo uns dos outros. Imitar Jesus Cristo? É o último dos seus pensamentos. Muito se ofenderiam se lhes dissésseis que obtiveram isto ou mais aquilo deste ou daquele instituto. Julgais que a enorme variedade de sobrenomes e de títulos não deleite muito os seus ouvidos? Há os que se gabam de se chamar *franciscanos*, tronco que se subdivide nos seguintes ramos: os *reformados*, os *menores observantes*, os *mínimos*, os *capuchinhos*; outros se dizem *beneditinos*; estes se chamam *bernardinos* e aqueles de *Santa Brígida*; outros são de *Santo Agostinho*; estes se denominam *guilherminos* e aqueles *jacobitas* etc. Como se não lhes bastasse o nome de *cristãos*. Quase todos confiam tanto em certas cerimônias e em certas tradiçõezinhas humanas, que um só paraíso parece-lhes um prêmio muito modesto para os seus méritos. No entanto, Jesus Cristo, desprezando todas essas macaquices, só julgará os homens pela caridade, que é o primeiro dos seus mandamentos. Em vão, tremendo no dia do juízo final, apresentarão eles a Deus um corpo bem nutrido por tudo quanto é peixe; em vão lhe oferecerão o canto dos salmos e os inúmeros jejuns; em vão sustentarão que arruinaram a barriga com uma única refeição; em vão produzirão uma porção de práticas fradescas, capazes de carregar pelo menos sete navios; em vão se gabará este de ter passado sessenta anos sem tocar em dinheiro, a não ser com dois dedos muito sujos; em vão mostrará aquele o seu hábito tão sórdido que até um barqueiro se recusaria a vesti-lo; em vão se gabará outro de ter vivido 55 anos sempre encerrado em seu claustro, como uma esponja; em vão aquele fará ver que perdeu a voz de tanto cantar, e este, que a longa solidão perturbou-lhe o cérebro; em vão dirá um outro que o perpétuo silêncio entorpeceu-lhe a língua. Interrompendo todas essas gabolices (pois, do contrário, seria um nunca mais acabar), Jesus Cristo dirá: "– De que país vem essa nova raça de judeus? Pois não dei aos homens uma lei única? Sim, e somente essa eu reconheço como verdadeiramente minha. E esses malandros não dizem sequer uma palavra a respeito? Abertamente e sem parábolas, eu prometi, outrora, a herança do meu Pai, não às túnicas, nem às oraçõezinhas, nem à inédia, mas à observância da caridade. Não, não reconheço pessoas que apreciam demais as suas pretensas obras meritórias e querem parecer mais santas do que eu próprio. Procurem, se quiserem, um céu à parte. Mandem construir um paraíso por aqueles cujas frívolas tradições eles preferiram à santidade dos meus preceitos.". – Qual não será a consternação de todos eles ao ouvirem tão terrível sentença e ao verem que se lhes antepõem os barqueiros e os carroceiros? No entanto, a despeito de tudo isso, são sempre felizes com suas vãs esperanças, o que, em substância, não é senão o efeito da minha bondade para com eles.

Não posso deixar de vos dar, aqui, um conselho salutar: nunca desprezeis essa vaga geração bastarda (os mendigos, sobretudo), embora ela viva separada da república. É que os frades, por meio do canal que se chama a *confissão*, estão a par de todos os mais íntimos segredos das pessoas. Não se pode dizer que ignorem ser um delito capital a revelação das coisas ouvidas no tribunal da penitência. Isso, porém, não impede que o façam em diversas circunstâncias, sobretudo quando, alegres e esquentados pelo vinho, querem divertir-se contando histórias engraçadas. É verdade que, para isso, usam das maiores cautelas, pois em geral não citam os nomes das pessoas. Desgraçado daquele que irritar esses zangões da sociedade. A vingança vem pronta como um raio do céu. Subitamente, no primeiro discurso ao povo, lançam os seus dardos contra o inimigo, tão bem pintado pelo padre pregador com suas caridosas invectivas, que seria preciso ser cego para não saber a quem visam atingir. E o mastim só deixará de ladrar quando, a exemplo do que fez Eneias com o Cérbero, taparem-lhe a boca com fogaças. Já que falamos desses bons apóstolos no púlpito, dizei-me se não é verdade que abandonaríeis qualquer charlatão, qualquer saltimbanco, para ouvir os seus ridículos discursos. Bem poderiam eles chamar-se, com toda a honra, os macacos dos retóricos, tal é o prazer que experimentam ao imitar as regras estabelecidas pelos retóricos sobre a arte de falar. Santo Deus! Observai como gesticulam, como são mestres em modular a voz, como cantam, como se remexem, como ficam senhores do assunto, como fazem retumbar toda a igreja com os seus socos e os seus berros. É no silêncio do claustro que eles apreendem essa veemente maneira de evangelizar, que passa de um fradeco a outro como um segredo de suma importância. Sendo eu apenas uma divina mulherzinha, não me é lícito iniciar-me em tão profundos mistérios, mas não quero deixar de vos dizer o que tenho podido anotar por bom preço.

Principiam sempre as suas mixórdias com uma invocação tomada de empréstimo aos poetas, e fazem um exórdio sem relação alguma com o assunto que devem abordar. Devem, por exemplo, pregar a caridade? Começam pelo rio Nilo. Devem pregar sobre o mistério da cruz? Começam pelo Belo, o fabuloso dragão da Babilônia.[84] Devem pregar o jejum quaresmal? Começam pelas doze constelações do zodíaco. Devem pregar a fé? Começam pela quadratura do círculo. E assim por diante. Eu mesma, que vos falo, já ouvi uma vez um desses pregadores, homem de uma loucura consumada (perdoai-me, atrapalho-me sempre, queria dizer de uma doutrina consumada).

Esse homem devia explicar o impenetrável mistério da Trindade, mas, para patentear a sublimidade do seu engenho e para contentar os ouvidos dos teólogos, não quis seguir o caminho habitual. E que estrada tomou? Era mesmo preciso um homem da sua envergadura para fazer a escolha. Começou o discurso pelo alfabeto e, depois de ter, com prodigiosa memória, recitado exatamente o ABC, passou das letras às sílabas, das sílabas às palavras, das palavras à concordância do sujeito com o verbo e do substantivo com o adjetivo. Enquanto isso, todo o auditório estava suspenso e não poucos perguntavam, como Horácio, qual poderia ser o objetivo de tantas frioleiras. Mas o padre pregador tirou logo a dúvida dos ouvintes mostrando que os elementos da gramática eram o símbolo e a imagem da sacrossanta Trindade. E mostrou-o com evidência igual à que mal poderia conseguir um geômetra nas suas demonstrações. É preciso confessar, aliás, que essa demonstração de sublime eloquência custara uma imensa fadiga ao nosso *non plus ultra* dos

---

84. Belo, dragão da Babilônia, cuja história, segundo se supõe, foi introduzida nos escritos de Daniel por um certo Teodósio. Com efeito, o texto hebraico não faz referência a respeito.

teólogos, pois empregou em sua tarefa nada menos do que oito bons meses. O pobre homem, porém, ressentiu-se, e os extraordinários esforços feitos por tão bela obra-prima tornaram-no mais cego do que uma toupeira, consumida que foi por seu espírito toda a agudeza da vista. Mas quem o diria? Muito pouco é o seu desgosto por ter perdido a vista, e até lhe parece ter adquirido a glória por bom preço.

Tive ainda o prazer de escutar outro pregador da mesma têmpera. Era um venerável teólogo de 80 anos, mas tão corrompido na teologia que todos o teriam tomado pelo próprio Escoto ressuscitado. O bom velho subira ao púlpito para explicar o adorável mistério do Santíssimo Nome de Jesus.

Ah! Saiu-se às maravilhas! Demonstrou o orador, mas com uma sutileza imperceptível, que tudo quanto se podia dizer para glorificar o Salvador, tudo se achava nas letras componentes do seu augustíssimo nome. Sabeis todos, senhores, a língua latina? Se houver alguém que não a saiba, poderá dormir um pouquinho. Em primeiro lugar, fez observar o velho catedrático que o substantivo *Jesus* só tem em sua declinação três casos diferentes: o nominativo, o acusativo e o ablativo. Rara e curiosa doutrina! Como lamento a ignorância dos que não podem saboreá-la! Mas que significam esses três casos? E isso é coisa que se pergunte? Pois não se veem neles, claramente expressas, as três divinas pessoas da mesma natureza? Mas ainda há outra coisa! O primeiro desses três casos, meditai bem, termina em "s", *Jesus*; o segundo em "m", *Jesum*; e o terceiro em "u", *Jesu*. Grande mistério, meus irmãos! Essas três letras finais significam que o Salvador é ao mesmo tempo o *Sumo*, o *Médio* e o *Último*. Restava, porém, resolver uma dificuldade mais espinhosa que todos os problemas de matemática e, não obstante, ele o conseguiu de forma surpreendente. O velho bajoujo teve a felicidade de separar o vocábulo *Jesus* em duas partes iguais: *Je-su*. Mas, que faremos daquele *s*, que, tendo perdido o companheiro, está surpreso de se achar sozinho? Um pouco de paciência e logo repararemos o mal. Os hebreus, em lugar de *s*, pronunciam *syn*: ora, em bom escocês, *syn* quer dizer pecado. "Pois bem!" – exclamou o pregador – "Quem será tão incrédulo ao ponto de negar que o Salvador *tirou os pecados do mundo*?"

Com essa explicação tão profunda quanto imprevista, todos os ouvintes, sobretudo os teólogos, foram tomados de tal surpresa que pareciam novas Níobes[85] e eu me pus a rir com tanta força que pouco faltou para que me sucedesse o mesmo inconveniente que ao irrequieto Príapo, quando teve a curiosidade, que lhe custou caro, de espiar os mistérios noturnos de Canídia e Ságana.[86] Com efeito, quando foi que os oradores gregos e romanos já se serviram, em suas orações, de uma introdução tão desesperada? Esses grandes homens julgavam vicioso o exórdio que não tivesse relação alguma com o assunto. A natureza ensinou tão bem aos homens esse método que até um tratador de porcos, ao precisar contar alguma história, não começará decerto com uma coisa estranha, mas entrará imediatamente no assunto. Os nossos doutíssimos frades, ao contrário, acreditariam passar por maus retóricos se o preâmbulo, como dizem eles, tivesse a menor conexão com o restante do argumento, não pondo os ouvintes na necessidade de perguntar: *Aonde irá ele chegar por esse caminho?*

Em terceiro lugar, propõem, em forma de narração, algum trecho do Evangelho, mas superficialmente e de relance, e, se bem que devesse ser esse o seu principal dever, eles tratam-no de passagem, quase incidentalmente. Em quarto lugar, como se representassem uma nova personagem, levantam uma questão teológica, que embora não se coadune muito com o assunto, é por eles julgada tão necessária que lhes pareceria um pecado contra a arte a não inclusão dessa digressão. É nessas passagens que os nossos pregadores franzem soberbamente as teológicas sobrancelhas e atordoam os ouvidos do auditório com magníficos epítetos dedicados aos seus doutores: *solenes, sutis, sutilíssimos, seráficos, santos, irrefragáveis* etc. É também nessas passagens que, como uma saraivada, descarregam uma tempestade de silogismos, de maiores, de menores, de consequências, de corolários, de suposições; e,

---

85. Níobe, irmã de Penélope e mulher de Anfião, rei de Tebas. Orgulhosa de sua fecundidade, pois tinha sete filhos homens e outras tantas mulheres, considerou-se superior a Latona que tinha somente dois: Apolo e Diana. Em virtude desse fato, Apolo e Diana mataram com suas flechas todos os filhos de Níobe, os quais ficaram nove dias insepultos no próprio sangue. A dor de Níobe foi tão profunda que ela se transformou em um rochedo.

86. Conta Horácio que, tendo Príapo assistido, uma vez, às cerimônias noturnas de Canídia e de Ságana, que invocavam as Fúrias e as Sombras em um jardim, teve tal surpresa que deixou escapar um formidável peido. As duas bruxas, assustando-se com o barulho, interromperam a feitiçaria e saíram a correr a toda pressa.

como bons intrujões, impingem essas insípidas e insolentes bagatelas da sua escola a uma multidão de ignorantes.

Eis-nos chegados, afinal, ao quinto ato da comédia, no qual, mais do que nunca, é mister que se mostrem valentes na arte. Desentranham, então, do armazém da sua memória alguma estranha e portentosa fabulazinha, provavelmente tirada do espelho da história ou dos feitos romanos, e a vão remendando e interpretando no sentido *alegórico*, *tropológico*, *anagógico*, até que, dessa maneira, terminam o discurso, o qual, com muita propriedade, pela surpreendente variedade de suas partes, poder-se-ia chamar, com Horácio, de verdadeiramente monstruoso.

Façamos, agora, em conjunto, o exame dos seus sermões. Os nossos reverendos aprenderam, não sei dizer de quem, que a introdução do discurso deve ser feita devagar e em voz baixa. Em virtude dessa regra, falam tão baixinho no exórdio que sou capaz de apostar que nem mesmo eles ouvem o que dizem, como se se dispusessem a falar para não serem entendidos por ninguém. Além disso, ouviram dizer que, para despertar as emoções, o orador deve empregar, de vez em quando, a veemência da exclamação. E assim é que, como fiéis, mas maus observadores desse preceito, quando todos julgam-nos muito tranquilos, eles, de repente e sem razão alguma, começam a gritar como verdadeiros maníacos. É com toda a sinceridade que vos digo que, ao se mostrarem assim mais doidos do que pregadores, bem se poderia prescrever-lhes uma boa dose de heléboro, pois bem se pode considerar louco aquele que grita por gritar. Ao mesmo tempo, convencidos de que o orador deve animar-se com o desenvolvimento do discurso, dizem pausadamente os primeiros períodos de cada parte, mas, logo depois, sempre sem haver razão para isso, levantam a voz com tanta força que, ao terminarem, a impressão é de que vão desmaiar. Finalmente, sabendo que as regras da retórica prescrevem que, de vez em quando, se despertem os ouvintes com alguma engraçada pilhéria, esforçam-se os nossos pregadores por motejar, mas – santo Deus! – como o conseguem maravilhosamente! Fazem justamente como o burro da fábula, ao querer tocar a lira.

Às vezes, esses cães da Igreja também sabem morder, mas sem fazer mal, porque mais parecem beliscar do que ferir. Ao simularem uma grande liberdade apostólica, lançando-se contra os vícios e os maus costumes, é justamente quando revelam maior adulação. Pregam como os charlatães, e juraríeis que, embora conheçam muito mais que os frades o coração humano, com estes é que aprenderam a sua arte. Com efeito, é tal a semelhança das suas declamações que de duas uma: ou os charlatães aprenderam retórica com os nossos pregadores, ou os nossos pregadores estudaram eloquência com os charlatães.

Apesar de tudo, nunca faltam os ouvintes, e eu mesma tenho cuidado de me incluir entre eles. Há até alguns que os admiram como se fossem Cíceros ou Demóstenes. Os que mais concorrem para ouvi-los são as mulheres e os negociantes, cujo afeto os bons pregadores procuram conquistar. Os negociantes, vendo-se adulados e justificados, prestam-lhes de bom grado uma porção de benefícios imerecidos, pois encaram tais donativos como uma espécie de restituição. Quanto às mulheres, têm elas vários motivos secretos para amar os religiosos, quando mais não fosse por encontrarem neles um bálsamo e um consolo contra os desgostos e o enjoo do laço conjugal.

Parece que já demonstrei suficientemente quanto me devem essas cabeças encapuzadas que, com vãs devoções, com cerimônias ridículas, com berros e ameaças, exercem sobre o povo uma particular tirania na ânsia de serem comparados aos Paulos e aos Antônios. Mas percebo que já falei muito sobre esses cômicos ingratos, que sabem tão bem dissimular os meus favores como fingir-se sinceramente religiosos. Deixo-os, pois, com muito prazer.

Já é tempo de dizer alguma coisa sobre os príncipes e os grandes, que são justamente o oposto dos velhacos e impostores de que acabei de falar, pois me prestam o seu culto sem qualquer reserva e com a franqueza própria do seu estado. Se esses felizes semideuses tivessem na cachola meia onça apenas de cérebro, que haveria no mundo de mais triste e miserável que a sua condição? Quem quer que se desse ao trabalho de refletir atentamente sobre os deveres de um bom monarca, bem longe de querer usurpar uma coroa com o falso juramento, o parricídio, o liberticídio, em suma, com os mais execrandos delitos, tremeria ante o aspecto de um cargo tão enorme. Com efeito, observemos em que consistem as obrigações de um homem que é posto à testa de uma nação. Deve se dedicar dia e noite ao bem público e nunca ao seu interesse privado; pensar exclusivamente no que é vantajoso para o povo; ser o primeiro a observar as leis de que é autor e depositário, sem se desviar nunca de qualquer delas; observar, com firmeza e com os próprios olhos, a integridade dos secretários e dos magistrados; ter sempre presente que todos têm os olhares fixos na sua conduta pública e privada, podendo ele, à maneira de um astro salutar, influir beneficamente sobre as coisas humanas, ou, como um infausto cometa, causar as maiores desolações. Não deve se esquecer nunca de que os vícios e os delitos dos súditos são infinitamente menos contagiosos que os do senhor, e repetir diariamente, a si mesmo, que o príncipe acha-se em uma elevação, razão pela qual, quando dá maus exemplos, a sua conduta é uma peste que se comunica rapidamente, fazendo enormes estragos; refletir que a fortuna de um monarca o expõe continuamente ao perigo de abandonar o justo caminho; resistir aos prazeres, à impureza, à adulação, ao luxo, pois nunca estará suficientemente preparado para reprimir tudo o que pode seduzi-lo. Deve, finalmente, conservar sempre na memória que, além das insídias, dos ódios, dos temores, de todos os males a que o príncipe acha-se exposto a cada momento por parte dos seus súditos, deverá ele, mais cedo ou mais tarde, apresentar-se perante o tribunal do Rei dos reis, no qual lhe serão pedidas contas exatas de todos os seus menores atos, sendo ele julgado com rigor proporcional à extensão do seu domínio. Repito, pois, mais uma vez, que, se um príncipe refletisse bem sobre tudo isso, como o teria feito se fosse um pouquinho sábio, decerto não poderia comer nem dormir tranquilamente um só dia em sua vida. Mas não vos amedronteis, pois consegui um remédio para isso. Com o favor da minha inspiração, os príncipes descansam tranquilos sobre o seu destino e sobre os seus ministros, vivendo na ociosidade e só mantendo relações com pessoas que possam contribuir para diverti-los de qualquer aflição ou aborrecimento. Acham eles que cumprem bastante os deveres de um bom rei divertindo-se diariamente nas caçadas, possuindo belíssimos cavalos, vendendo em benefício próprio os cargos e os empregos, servindo-se de expedientes pecuniários para devorar as energias do povo e engordar à custa do sangue dos escravos. Não se pode negar que usem de cautela na aplicação dos impostos, pois alegam sempre títulos de necessidade, pretextos de urgência, e, embora essas exações não passem no fundo de mera ladroeira, esforçam-se, todavia, por encobri-las com o véu do interesse público, da justiça e da equidade. Dirigem ao povo belas palavras, chamando de *bons*, *fiéis*, *afeiçoadíssimos* os seus súditos, e, enquanto furtam com uma das mãos, acariciam com a outra, prevenindo assim os seus lamentos e acostumando-os, aos poucos, a suportar o jugo da tirania. Dito isso, quero fazer uma suposição: imaginai no trono (coisa que, aliás, acontece frequentemente), imaginai no trono, dizia eu, um homem ignorante das leis, quase inimigo do bem público, que só tem em mira o seu interesse pessoal, escravo dos prazeres, menosprezador das ciências, que desdenha a verdade, que não pode escutar uma linguagem sincera, que tem a ventura dos escravos como o último dos prazeres, que não segue senão suas paixões, que mede cada coisa pela própria utilidade. Colocai nesse homem a gargantilha de ouro, ornamento que significa o complexo e a união de todas as virtudes; colocai-lhe na cabeça a coroa enriquecida de pedras preciosas, o que o adverte de estar na obrigação de superar todos os outros em toda sorte de heroicas virtudes; ponde-lhe o cetro na mão, cetro que é o símbolo da justiça e de uma alma perfeitamente incorrutível; vesti-o, finalmente, com a minha púrpura, que denota um vivo amor ao povo e um ardentíssimo zelo por sua felicidade. Sou de parecer que, se esse monarca comparasse os seus ornamentos reais com a sua viciosa conduta, não poderia deixar de sentir vergonha e rubor, e estou convencida de que teria bastante receio de ser posto a ridículo, com os seus simbólicos enfeites, por algum lépido e sensato glosador.

Passemos, agora, aos grandes da corte. Não há escravidão mais vil, mais repulsiva, mais desprezível do que aquela a que se submete essa ridícula espécie de homens que, não obstante, costuma ganhar para si, de alto a baixo, o restante dos mortais. Convenhamos, porém, que são modestíssimos em um único ponto: é que, satisfeitos de possuir o ouro, as pedras, a púrpura e todos os outros símbolos da sabedoria e da virtude, cedem facilmente aos outros o cuidado da sabedoria e da virtude. Para eles, a maior felicidade consiste em ter a honra de falar ao rei, de chamá-lo de Senhor e Mestre absoluto, de lhe fazer um breve e estudado cumprimento, de poder prodigalizar-lhe os títulos faustosos de Vossa Majestade, Vossa Alteza Real, Vossa Serenidade etc. Toda a habilidade dos cortesãos consiste em se trajar com propriedade e magnificência, em andar sempre bem perfumados e, sobretudo, em saber adular com delicadeza? Quanto ao espírito e aos costumes, são verdadeiros Feácios,[87] verdadeiros amantes de Penélope; a esse respeito, sabei o que diz Homero,[88] e, melhor do que eu, vo-lo repetirá a ninfa Eco. O vil escravo do monarca, quando não deva fazer a corte ao senhor (pois, nesse caso, levantar-se-ia ao primeiro canto do galo), costuma dormir até ao meio-dia, e, mal desperta, o mercenário capelão, que já esperava por esse momento, resmunga-lhe às pressas uma missa. Em seguida, passa a cuidar do almoço, e daí a pouco, do jantar, ao qual sucedem imediatamente os jogos de dados e de xadrez, os bobos, as cortesãs, os divertimentos inconvenientes e todos os outros prazeres chamados passatempos. Esses devotos exercícios não se fazem sem uma ou duas merendas; depois, vem a ceia, e se passa a noite no meio das garrafas. E assim, sem pensar que se nasce para morrer, a vida passa rapidamente. As horas, os dias, os meses, os anos, os lustros transcorrem para eles sem qualquer aborrecimento, como um relâmpago. Tenho a impressão de sair de um banquete, ao vê-los gabarem-se de suas ridicularias. Aquela ninfa julga-se mais próxima dos deuses, por arrastar atrás de si uma cauda mais longa do que as outras; esse fidalgo, por ter recebido do príncipe uma cotovelada no estômago, ao tentar penetrar na multidão, fica satisfeito e acredita haver menor distância entre ele e o soberano; aquele cortesão pavoneia-se com a corrente de ouro que lhe pende do pescoço, por ser muito mais pesada que a dos outros e servir, assim, não só para mostrar opulência como também sua robustez de carregador.

    A vida dos príncipes e dos fidalgos leva-me, naturalmente, a falar também da dos papas, cardeais e bispos. Faz tanto tempo que essa sagrada gente, com surpreendente emulação, imita os reis e os sátrapas, que não tenho dúvida alguma em dizer que chegou a superá-los. Imaginai, agora, que um bispo, por divertimento, se pusesse a considerar o seu cortejo e ornamentos pontificais. Se um bispo refletisse que a candidez do roquete significa uma vida completamente imaculada; que a mitra bicorne, cujas extremidades unem-se em um nó, denota profundo conhecimento do Velho e do Novo Testamento; que as mãos enlu-

---

87. Os Feácios, segundo Homero, eram tão estúpidos e materiais que Ulisses conseguia deles tudo o que queria.
88. Homero descreve os amantes de Penélope como homens que só se preocupavam com os prazeres do amor e que, depois de comer e beber à grande, só pensavam em cantar e dançar.

vadas exprimem um coração depurado de todo contágio mundano na administração dos sacramentos; que a cruz dos sapatos adverte-o de que deve velar continuamente pelo rebanho sob a sua guarda; que a cruz prelatícia que lhe pende do peito é sinal de vitória completa sobre as paixões humanas – se o nosso prelado, repito, refletisse sobre todas essas belas coisas e muitas outras que eu suprimo, não será verdade que tornar-se-ia magro, pensativo, macilento, hipocondríaco? Chegaria a causar piedade! Mas não, não duvideis, eu remediei tudo. Aconselhei a esses pretensos sucessores dos apóstolos que seguissem um caminho inteiramente oposto, e ninguém jamais soube aproveitar melhor os meus conselhos. Com efeito, o principal objetivo dos nossos Ilustríssimos e Reverendíssimos consiste em viver alegremente e, quanto ao rebanho, que dele cuide Jesus Cristo. Aliás, já não possuem, os arcediagos, os vigários gerais, os confessores, os frades e mil outros fiéis mastins, que estão sempre em guarda contra o lobo do inferno? Os bispos chegaram a esquecer que o seu nome, tomado ao pé da letra, significa trabalho, zelo, solicitude pela redenção das almas. Mas – por Baco! – não esquecem-se nunca das honrarias e do dinheiro.

Gabam-se os veneráveis cardeais de descenderem em linha reta dos apóstolos, mas eu desejaria que filosofassem um pouco sobre os seus hábitos, e fizessem a si mesmos esta apóstrofe: "Se eu descendo dos apóstolos, por que não faço, então, o que eles fizeram? Não sou senhor, mas simples distribuidor das graças espirituais, e muito breve terei de prestar contas da minha administração. Que significa esta nívea candidez do meu roquete, se não uma suma pureza de costumes? Que quer dizer esta sotaina de púrpura, se não ardente amor a Deus? Que denota esta capa da mesma cor (tão ampla e espaçosa que bastaria para cobrir não somente a mula do eminentíssimo, mas até um camelo junto ao cardeal), se não uma caridade ilimitada e sempre pronta a socorrer o próximo, isto é, a instruir, a exortar, a acalmar o furor das guerras, a resistir aos maus princípios, a dar de boa vontade o próprio sangue e as riquezas pelo bem da Igreja? Para que tantos tesouros? Aqueles que pretendem representar o antigo colégio dos apóstolos não deveriam, antes de tudo, imitar a sua pobreza?". Afirmo que, se os cardeais fizessem a si mesmos semelhante apóstrofe, refletindo seriamente sobre todos esses pontos, de duas uma: ou devolveriam imediatamente o chapéu, ou levariam uma vida laboriosa, cheia de desgostos e de desejos, justamente como faziam os primeiros apóstolos da Igreja.

Prosterne-mo-nos, agora, aos pés do Sumo Pontífice, e beije-mo-lhes religiosamente as santas pantufas. Os papas dizem-se vigários de Jesus Cristo, mas, se procurassem conformar-se à vida de Deus, seu mestre; se sofressem pacientemente os seus padecimentos e a sua cruz, mostrando o mesmo desprezo pelo mundo; se refletissem seriamente sobre o belo nome de papa, isto é, de pai, e sobre o santíssimo epíteto com que são honrados – quem seria mais infeliz do que eles? Quem desejaria comprar, com todos os haveres, esse cargo eminente, ou quem, uma vez elevado ao mesmo, desejaria, para se sustentar nele, empregar a espada, os venenos e toda sorte de violências? Ai! Quantos bens perderiam eles se a sabedoria se apoderasse por um instante do seu ânimo! A sabedoria?! Bastaria que tivessem um grãozinho apenas daquele sal de que fala o Salvador. Perderiam, então, aquelas imensas riquezas, aquelas honras divinas, aquele vasto domínio, aquele gordo patrimônio, aquelas faustosas vitórias, todos aqueles cargos, aquelas dignidades e aqueles ofícios de que participam; todos aqueles impostos que percebem, quer nos próprios Estados, quer nos alheios; o fruto de todos aqueles favores e de todas aquelas indulgências, com as quais vão traficando tão vantajosamente; aquela numerosa corte de cavalos, de mulas, de servos; aquelas delícias e aqueles prazeres de que gozam continuamente. Observai, observai quantas coisas precisariam perder, sendo que isso é apenas uma sombra da felicidade pontifícia. Todos esses bens seriam logo sucedidos pelas vigílias, pelos jejuns, pelas lágrimas, pelas preces, pelos sermões, pelas meditações, pelos suspiros e mil outros trabalhos de natureza semelhante. Acrescentemos ainda que tantos escritores, tantos copistas, tantos notários, tantos advogados, tantos promotores, tantos secretários, tantos rufiões (silêncio neste ponto, pois é preciso respeitar os ouvidos castos), em suma, toda aquela prodigiosa turba de pessoas de toda classe, que arruinam (que honram, queria eu dizer) a Sé de Roma – sim, digamos também que toda essa turba só poderia esperar morrer de fome. Seria o mais bárbaro, o mais abominável, o mais detestável de todos os delitos querer reduzir à sacola e ao bastão os supremos monarcas da Igreja, os verdadeiros luminares do mundo. Dizem eles que a Pedro e a Paulo competia viver de esmolas, ficando com todo o peso do pontificado, mas eles podem comodamente sustentá-lo, reservando-se eles, para si, somente o que no mesmo existe de esplêndido e de agradável. Agora, pergunto: não fazem muito bem? Graças a mim, por conseguinte, é que nunca houve alguém que mais vivesse no ócio e na moleza do que um papa. Como as funções episcopais[89] consistem em ornamentos misteriosos e quase teatrais, em cerimônias, em títulos faustosos de *beatíssimo, reverendíssimo, santíssimo*, em bênçãos e maldições, julgam eles que já fazem bastante a vontade de Jesus Cristo, sem suspeitarem o que lhes poderá Este dizer-lhes um dia. Agora não é mais necessário fazer milagres; instruir o povo dá muito trabalho; ensinar as escrituras cheira à escolástica; para pregar, seria preciso tempo; chorar convém somente às mulheres; ser pobre, oh! Que coisa feia! Deixar-se vencer é vergonhoso demais e indigno de um homem que mal admite que lhe beijem o beatíssimo pé os reis mais poderosos; finalmente, morrer, oh! É a mais amarga de todas as coisas! Ser crucificado – irra! – é uma infâmia horrível!

Assim, pois, as armas dos papas não consistem todas naquelas doces bênçãos de que fala São Paulo[90] e das quais são eles tão avaros. Consistem elas em interdições, suspensões, gravames, anátemas, pinturas vingadoras[91] e naquele terribilíssimo castigo pelo qual um beatíssimo padre pode mandar à vontade qualquer alma para o inferno. Os nossos Santíssimos Pais em Cristo e os seus vigários-gerais nunca empregam com maior zelo esse espantoso castigo do que no caso daqueles que, à instigação do demônio, tentam diminuir ou danificar o patrimônio de São Pedro. Dizia este bom apóstolo ao seu Mestre: "Deixamos tudo para te seguir.". Compreendereis que grande sacrifício fez o pobre pescador! Foi a fortuna o que ele conseguiu em virtude dessa renúncia; é por isso que Sua Santidade glorificada possui terras, cidades, domínios, e percebe impostos e taxas. E é so-

---

89. Antigamente, todos os bispos se chamavam papas.
90. De que fala São Paulo na *Epístola aos Romanos*, capítulo XVI.
91. Em Roma, costumava-se expor ao povo o retrato do excomungado pintado em um pano e representado da seguinte forma: sentado, com uma cara satânica, tendo um demônio de cada lado, os quais lhe punham na cabeça uma coroa de fogo, enquanto outro demônio o segurava pela túnica e lhe queimava os pés.

bretudo para defender e conservar essa rica aquisição que os pontífices romanos costumam condenar as almas. É verdade que nem ao menos poupam os corpos, e, inflamados pelo zelo de Jesus Cristo, desfraldam a bandeira de Marte e, sem piedade, empregam o ferro e o fogo para sustentar as suas razões. Bem vedes que não se pode fazer semelhante guerra sem derramar o sangue cristão. "– Mas que importa?" – respondem os papas. "– Estamos defendendo apostolicamente a causa da Igreja e só deporemos as armas quando tivermos vingado a esposa de Jesus Cristo contra os seus inimigos." – Eu desejaria saber, porém, se haverá para a Igreja inimigos mais perniciosos do que esses ímpios pontífices, os quais, em lugar de pregar Jesus Cristo, deixam no esquecimento o seu nome e o põem de lado com leis lucrativas, alteram a sua doutrina com interpretações forçadas e, finalmente, o destroem com exemplos pestilentos.

Além disso, assim como a Igreja cristã foi fundada com sangue, confirmada com sangue, dilatada com sangue, assim também os papas a governam com sangue, como se nunca Jesus Cristo tivesse existido para protegê-la e sustentá-la. A guerra é, por natureza, tão cruel, que muito mais conviria às feras do que aos homens; tão insensata que os poetas a atribuíram às fúrias do inferno; tão pestilenta que corrompe todos os costumes; tão iníqua que a fazem melhor perversos ladrões do que homens probos e virtuosos; finalmente, tão ímpia que nenhuma relação possui com Jesus Cristo nem com sua moral. Isso não impede que alguns pontífices abandonem todas as funções pastorais para se consagrarem inteiramente a esse flagelo da humanidade. Entre esses papas guerreiros, encontram-se até velhos[92] que agem com todo o vigor da juventude, que nenhuma consideração têm pelo dinheiro, que suportam corajosamente a fadiga e não têm o menor escrúpulo em fazer subverter as leis, a religião e a humanidade. Mas não faltam eruditos aduladores para dar a esse manifestíssimo delírio o nome de zelo, piedade, valor. E acham razões para provar que desembainhar a espada e cravá-la no coração de um irmão não é absolutamente infringir o grande mandamento da caridade para com o próximo. Na verdade, ainda não sei se os papas, em matéria de guerra, seguiram o exemplo

---

92. Trata-se, muito provavelmente, de uma alusão a Júlio II, papa cujo fanatismo guerreiro tantos males causou à humanidade.

de alguns bispos da Alemanha, ou se estes bispos é que se julgaram autorizados, pela conduta dos papas, a empreender a guerra. O certo é que os prelados alemães agem com maior liberdade, porque, desprezando inteiramente o serviço divino, as bênçãos e todas as outras cerimônias do bispado, como verdadeiros sátrapas só respiram a guerra, chegando a sustentar que é dever de um bispo entregar a alma a Deus para defender a honra da sua dignidade. Os padres também estão, em geral, animados pelo mesmo espírito, não querendo de modo algum degenerar da santidade dos prelados. Assim, não podeis imaginar com que coragem empunham as armas toda vez que se trata dos seus dízimos: espadas, fuzis, pedras, nada lhes escapa. Esses ministros do altar não cabem em si de alegria quando descobrem, nas obras dos antigos, alguma passagem com que possam aterrar as consciências e provar ao vulgo que lhes deve ainda muito mais do que os dízimos. Não há mais perigo de que lhes entre na cabeça o que leram em muitíssimos lugares sobre os seus deveres para com o povo. Deveriam ao menos lembrar-se de que a tonsura significa a obrigação de viverem livres de qualquer paixão humana, para se consagrarem totalmente às coisas do céu. Muito longe de fazerem tais reflexões, incidem em toda sorte de volúpia e julgam cumprir plenamente os seus deveres e a obrigação de praticar o bem, como dizem eles, quando murmuram, às pressas e entre os dentes, o ofício divino. Santo Deus! Aposto que não há divindade alguma que queira escutá-los e, muito menos, que possa compreendê-los. Nenhuma divindade?! Estou convencida de que nem eles próprios entendem-se entre si quando ornejam em coro. Mas tanto os sacerdotes como os profanos sabem muito bem quais são os seus direitos e os seus emolumentos. O que é incômodo os senhores padres costumam, prudentemente, descarregar sobre as costas alheias, em uma devolução recíproca, como na pela. Os eclesiásticos costumam proceder mais ou menos como os príncipes seculares: assim como estes abandonam as rédeas do governo nas mãos dos primeiros-ministros, que confiam a administração do Estado aos numerosos subalternos que se acham sob as suas ordens, assim também os ministros dos santuários costumam, modestamente, descarregar sobre o povo o peso da devoção e da piedade, e o povo, por sua vez, passa-o aos que denomina *pessoas religiosas*, como se não tivesse qualquer relação com a Igreja e não tivesse feito voto algum no batismo. Em seguida, os padres, como se fossem iniciados no mundo e não em Cristo, dizem-se *seculares* e deixam aos *regulares* o pesado encargo da piedade; os regulares julgam-na especialmente destinada aos *monges*; os *monges* relaxados atribuem-na aos *reformados*; finalmente, todos se põem de acordo e pretendem que a devoção pertença aos *mendicantes*, que acabam por enviar a pela aos *cartuxos*, em cujo retiro se pode afirmar, efetivamente, que a piedade está sepultada, de tal forma esforçam-se eles por viverem escondidos do mundo. Conduta semelhante têm os generais da milícia clerical. Os papas, sempre ativos e incansáveis em sua tarefa de receber dinheiro, descarregam sobre os bispos tudo o que há de incômodo no apostolado; os bispos sobre os párocos; os párocos sobre os vigários; os vigários sobre os frades mendicantes; e os mendicantes, finalmente, enviam as ovelhas aos pastores espirituais, que sabem tosquiá-las e tirar-lhes proveito da lã.

Mas até onde me levou o assunto? O meu propósito não é investigar e satirizar a vida dos prelados e dos padres, mas fazer o meu elogio: que ninguém pense que, ao louvar os maus príncipes, queira eu censurar os bons. Por conseguinte, só vos dei uma ideia superficial de todas as condições para vos demonstrar, à evidência, que nenhum homem pode viver feliz sem ser iniciado nos meus mistérios e sem participar dos meus favores. Invoco o testemunho da Fortuna, essa deusa da felicidade e da desgraça que, embora caprichosa ao extremo, tem sempre o prazer de secundar as minhas intenções. Com efeito, exatamente como eu, não será ela inimiga capital dos sábios? Em compensação, confere seus bens aos loucos e, por fim, ao vê-los dormindo, derrama-lhes no seio os seus tesouros. Decerto já ouvistes falar de um certo Timóteo, capitão ateniense, cuja fortuna foi tal que, mesmo dormindo, conquistou e saqueou cidades. Quando, porém, começou a atribuir tanta fortuna ao próprio mérito, foi abandonado pela deusa e caiu na maior miséria. Pois não se costuma dizer que os tolos são felizes e que até o mal converte-se para eles em um bem? No entanto, é justamente o contrário o que costuma suceder aos sábios. Já diz o provérbio: *Quem, como Hércules, nasceu no quarto dia da lua, só pode esperar sofrimentos: montado no cavalo de Sejano, quebrará a perna; tendo dinheiro de Tolosa, pouco proveito terá.* Mas deixemos os provérbios, pois pode parecer que me apropriei de todos os comentários do meu Erasmo.

Volto, pois, ao meu assunto, e digo que a Fortuna só ama as pessoas que não pensam em nada, gostando de beneficiar os aturdidos e os temerários, isto é, os que dizem como César no Rubicão: *Alea jacta est*. A sabedoria só pode inspirar temor, o que faz que a condição de um verdadeiro filósofo chegue a causar piedade aos homens de bom senso. Com o cérebro repleto de belíssimas e sólidas especulações, quer físicas, quer morais, sente o estômago doer de fome e nem sequer sabe onde encontrar o necessário. Além disso, é abandonado, desprezado, odiado, evitado por todos, enquanto os tolos, verificando que o precioso metal que os anima constitui o móvel maior da sociedade civilizada, são elevados aos empregos públicos e em tudo favorecidos pela fortuna. Eis por que os que se consideram felizes quando acolhidos pelos grandes e quando conversam com esses deuses queridos, que são os meus escravos diletos, não têm necessidade alguma da sabedoria, que é a coisa mais detestada nas cortes e nos paços. Quereis enriquecer-vos no comércio? Renunciai à sabedoria, porque, do contrário, como poderíeis fazer um falso juramento sem vos sentirdes dilacerar por um horrível remorso? Como poderíeis deixar de enrubescer quando surpreendidos em uma mentira? Como sufocaríeis os ásperos e tormentosos escrúpulos que sentem os sábios pelo furto e pela usura? Como poderíeis deixar de travar convosco uma contínua guerra íntima? Ambicionais as dignidades e os bens eclesiásticos? Um burro e um búfalo poderiam consegui-los mais facilmente que um filósofo. Amais a volúpia? As mulheres que a têm como principal escopo procuram os tolos e fogem dos sábios como dos escorpiões. Quem, finalmente, deseje gozar os prazeres da vida, deve cortar qualquer relação com os sábios e preferir tratar com a escória popular. Em suma, para resumir tudo em uma única ideia, voltai-vos para todos os lados, e vereis que os papas, os príncipes, os juízes, os magistrados, os amigos, os inimigos, os grandes, os pequenos, todos, sem exceção, agem em virtude do ouro sonante. E, como o filósofo, fora do estritamente necessário, considera como esterco esse metal, não é de admirar que todos desprezem a sua intimidade.

* * *

Mas, embora o meu elogio seja uma fonte inesgotável, não é justo abusar da vossa paciência entretendo-vos ainda mais com esta minha declamação, razão pela qual vos livrarei logo da fadiga de vossa atenção. Apenas vos peço um pequeno favor, necessário à minha glória. Talvez haja aqui presentes (uma vez que os maus costumam imiscuir-se sempre entre os bons) alguns sábios que digam ser eu bela somente aos meus próprios olhos, e não faltarão senhores legistas que aleguem o fato de eu não haver citado texto algum em meu favor. Citemos, pois, como fazem eles, a torto e a direito.

Antes de qualquer coisa, não se pode pôr em dúvida o conhecido provérbio que diz: *Quando falta a coisa, é preciso representá-la*, o que é inteiramente confirmado por essa sentença que se costuma ensinar até aos meninos: *Busca-se muita sabedoria para se poder passar por louco*. Julgai, pois, se a loucura deve ou não ser incluída entre os maiores bens, quando os próprios sábios tributavam louvores à sua imagem e à sua sombra falaz. Mas Horácio, que a si mesmo chama-se o lúcido e bem nutrido porco de Epicuro, exprime a coisa com maior naturalidade, quando aconselha a temperar a loucura com a sabedoria. Ele desejaria, é certo, que essa loucura fosse de curta duração, mas, a esse respeito, revela, a meu ver, pouco critério. O mesmo poeta diz nas suas *Odes: É um grande prazer ser louco quando se deseja sê-lo*. Em outro lugar, diz *preferir parecer estranho e ignorante a parecer sábio e furioso*. Homero, que por toda a parte louva muitíssimo o seu Telêmaco, não deixa de o chamar várias vezes de menino tolo; e os trágicos gostam de dar aos jovens o epíteto de tolo e imprudente, como um epíteto de bom augúrio. Qual é o argumento da divina *Ilíada*? Não serão, talvez, os furores e as loucuras dos reis e dos povos? Cícero nunca se orientou tão bem, por mim, como quando disse: *Todas as coisas estão cheias de loucura*. Ora, convireis que, quanto mais extenso é um bem, tanto mais excelente é ele.

Mas é possível que os autores citados tenham pouca autoridade para os cristãos. Pois bem: apoiarei, se julgais conveniente, ou, para exprimir-me teologicamente, fundarei o meu elogio no testemunho das sagradas escrituras. Permiti-me que eu o faça, senhores nossos mestres, é o que vos peço humildemente. A tarefa é bastante difícil e exigiria pelo menos uma boa invocação às musas; mas, por outro lado, seria uma indiscrição fazer descer pela segunda vez, do monte Helicão, essas nove virgenzinhas, pois bem vedes que o caminho é muito longo. Além disso, a matéria que devo abordar nada tem a ver com Apolo. Portanto, seria melhor que, dispondo-me eu a me arvorar em teóloga e a correr sobre os espinhos teologais, se dignasse o espírito de Escoto a passar da sua Sorbonne para o meu ânimo. Ah! Queira Deus que esse beato espírito, mais pungente que o ouriço e mais agudo que o porco-espinho, inflame a minha mente! Depois, quando eu tiver acabado, que voe por onde mais lhe agradar, inclusive entre os corvos. Praza igualmente aos céus que me seja permitido mudar de aspecto, vestindo um hábito teologal! Vou, porém, experimentar, e, quando me ouvirdes impingir tanta teologia, não suspeiteis que eu tenha forçado e espoliado as arcas dos *nossos mestres*. Mas, afinal, não me parece surpreendente que, tendo mantido por tantos séculos uma estreita amizade com os teólogos, tenha eu sido atacada por um pouquinho da sua sublime ciência. E por que não poderia acontecer-me tal coisa? Não será, talvez, verdade que até o irrequieto Príapo, embora sendo um deus de curto entendimento, ao escutar o mestre ler grego em voz alta, guardou algumas palavras na memória e as reteve como um doutor? E que diríamos do galo de Luciano? Como se sabe, depois de ter vivido longo tempo com os homens, articulou inesperadamente a língua e falou como eles. Mas, dito isso, comecemos sob os auspícios da Fortuna.

    O Eclesiastes, capítulo primeiro, versículo... versículo... esperai um pouco... Oh! Meu Deus! Não me recordo mais, e assim também a página, a linha etc. (pois que, para citar teologicamente, é preciso dizer tudo). Mas no Eclesiastes está escrito que o *número dos loucos é infinito*. Ora, esse número infinito não abrangerá todos os homens, com poucas exceções, se é que já houve alguma? Mais ingenuamente, porém, confessa-o Jeremias: *Todos os homens* – diz ele no capítulo X – *tornaram-se loucos à força de sabedoria*. E atribui a sabedoria somente a Deus, deixando aos homens a loucura como predicado. Um pouco antes, diz ele: *O homem não deve se gabar da sua sabedoria*. Mas por que dizeis isso, ó santo, ó divino oráculo do futuro? É *porque* (assim me parece ouvi-lo responder) *o homem não tem nenhuma ideia da sabedoria*. Voltemos ao Eclesiastes. Quando Salomão, esse grande monarca iluminado do céu, faz aquela patética exclamação moral: *Vaidade das vaidades, tudo é vaidade!* – não vedes, senhores, que, sem gaguejar, ele declara que a vida humana, como também eu já vos disse tantas vezes, não é outra coisa senão um divertimento da Loucura? E não foi também isso o que Cícero, com grande honra para mim, repetiu muito depois, isto é, que *tudo está cheio de Loucura?* E quando o citado Eclesiastes diz ainda que o *louco muda como a lua e o sábio é estável como o sol* – que imaginais que isso signifique? Não significará, talvez, que todos os homens são loucos e que somente a Deus pertence o título de sábio? Com efeito, por lua entendem os intérpretes a natureza humana, e por sol a fonte da verdadeira luz, que é Deus. Também o Salvador apoia essa verdade quando diz, no Evangelho, que o epíteto de *bom* só cabe a Deus. Ora, segundo os estoicos, *sábio* e *bom* são dois sinônimos; portanto, todos os homens, sendo maus, são também, por uma consequência necessária, todos malucos.

Diz ainda Salomão no capítulo XV: *A tolice é a alegria do tolo*, o que significa que, *sem a loucura, nada se acha de agradável na vida*. E em outra passagem: *Progredir na ciência é o mesmo que progredir na dor, e onde há muito sentimento há também muita contrariedade*. Não repetirá esse mesmo excelente pregador, no capítulo VII, o mesmo pensamento? – *a tristeza* – diz ele – *mora no coração do sábio, e a alegria no do tolo*. Não contente de ter conhecido a fundo a sabedoria, teve ele o desejo de conhecer também a mim. Pensais que eu esteja gracejando? Ouvi o oráculo, capítulo I: *Apliquei-me ao conhecimento da prudência e da doutrina, dos erros e da loucura*. É preciso notar que, nessa passagem, sou citada em último lugar, a fim de me ser conferida a honra que mereço, como posso prová-lo. De fato, foi o Eclesiastes que o escreveu; ora, na ordem eclesiástica, segundo o cerimonial em uso, o primeiro em dignidade é o que ocupa o último posto, de acordo com o preceito de Cristo.

Que a Loucura é realmente superior em dignidade à sabedoria prova-o, à evidência, o autor do Eclesiastes, seja ele quem for, no capítulo XLIV. Mas, meus caros ouvintes, antes de citar essa passagem quero fazer um pacto convosco: juro-vos por Hércules que nunca mais vos falarei disso, se não responderdes favoravelmente às minhas perguntas, a exemplo daqueles que, segundo Platão, discutiam com Sócrates. Dou, pois, início à minha indução.

Dizei-me, por favor, o que será melhor ocultar: as coisas raras e preciosas ou as vis e triviais? Como, não respondeis? Por que permaneceis imóveis como se não passásseis de estátuas? Mas não será o vosso silêncio que me fechará a boca. Os gregos responderão por vós e dirão que *a bilha se deixa sem receio à porta, ao passo que as coisas preciosas se conservam escondidas*. Receando, porém, que profaneis essa sentença, rejeitando-a, acho conveniente advertir-vos que é de Aristóteles, o deus dos *nossos mestres*. Continuemos: haverá aqui alguém bastante louco que, de bom grado, seja capaz de abandonar na rua o seu dinheiro e as suas joias? Não o creio, naturalmente! Todos vós, ao contrário, me pareceis, se não me engano, desses homens que costumam ocultar muito bem tudo o que possuem de precioso e que só se descuidam das coisas que pouco ou nada importa perder. Assim, pois, exigindo a prudência que se escondam as coisas de valor e que não se deixem expostas senão as coisas de pouca monta, a minha causa venceu, triunfou! O Eclesiastes ordena que se manifeste a sabedoria e se oculte a loucura. Textualmente: *O homem que esconde a própria loucura é melhor que o que esconde a própria sabedoria*. Mas isso não basta. As sagradas escrituras atribuem ainda ao louco a candura de ânimo, da qual não é suscetível o sábio, embora se julgue sempre melhor do que os outros. É, pelo menos, como interpreto a seguinte passagem do Eclesiastes, capítulo X: *Ao passear, o louco supõe que todos os que encontra sejam loucos como ele*. Quem pode deixar de admirar essa candura e essa sinceridade? Naturalmente, todos os homens fazem um alto conceito de si mesmos, mas a loucura torna o homem tão humilde que procura dividir a sua virtude com todos os outros homens e comunicar-lhes a glória do seu mérito. Salomão julgava ter chegado a tanta perfeição, dizendo no capítulo XXX: *Eu sou o mais louco de todos os homens*. São Paulo, esse evangelista, esse apóstolo das gentes, não passou sem se atribuir o meu nome, pois disse aos coríntios: *Como louco, eu afirmo que sou o maior de todos* (de tal maneira considerava ele vergonhoso ser superado em loucura). Mas, enquanto isso, insurgem-se contra mim certos teólogos grecistas, impingindo como novidades coisas rançosas e antigas e se esforçando por cegar o vulgo com anotações que, além do mais, são pensamentos roubados aqui e ali; entre eles, encontra-se, se não em primeiro, pelo menos em segundo lugar, o meu caro Erasmo, que frequentemente cito para lhes prestar uma homenagem.[93] "– Oh, Loucura!" – exclamam eles – "tu te mostras verdadeiramente digna do teu nome, tanto em tuas interpretações como em tudo o mais! O pensamento do apóstolo é bem diverso daquele que tu sonhas: não há a intenção de persuadir que ele seja mais louco que os outros"; depois de ter dito que *"eles são ministros de Cristo e eu também o sou"*, como se não bastasse se igualar aos outros, acrescenta, corrigindo-se: "*E o sou mais do que eles*", sentindo-se não somente igual aos outros apóstolos no ministério do evangelho, mas ainda um tanto superior. Para evitar o escândalo que semelhante declaração poderia provocar, São Paulo chama-se louco, pois só os loucos têm o direito de dizer tudo sem risco de ofender alguém. Mas seja qual for a interpretação que se dê ao que escreveu São Paulo, deixo que o discuta quem quiser. Quanto a mim, prefiro ser atacada pelos fogos desses grandes, desses enormes, desses gordos, desses célebres teologastros, com os quais a maior parte dos doutores prefere correr o risco de se enganar, a conhecer a verdade ocultada por esse séquito de pessoas de três línguas,[94] às quais se dá tanta importância como às gralhas. Além disso, tenho em meu favor glorioso teólogo, que prudentemente julgo não dever nomear, pois sei muito bem que as nossas gralhas não deixariam de me citar a fábula do *Asinus ad Lyram*[95]. Esse doutor assim explica magistralmente, teologicamente, essa passagem: "*Eu o digo com menor sabedoria, eu o sou mais do que eles*". Faz disso um novo capítulo – e assim é quem exige uma dialética consumada – que vos acrescenta uma nova seção. Eis, não só quanto à forma, mas também quanto ao fundo, as palavras do meu teólogo: "*Eu o digo com menor sabedoria*", isto é, se vos pareço louco quando me igualo aos falsos apóstolos, mais tolo vos parecerei ainda se quiser preferir-me a eles. Depois, como que divagando, passa de repente a outro assunto.

Mas, como sou louca ao querer atormentar meu cérebro com a interpretação de um só teólogo! Pois não conquistaram os nossos teó-

---

93. Erasmo refere-se às anotações por ele feitas ao Novo Testamento e à obra de São Jerônimo. consideradas muito úteis ao estudo das Escrituras.
94. Três línguas, isto é, o hebraico, o latim e o grego.
95. "Burro diante da lira", provérbio que exprime o mesmo que "boi diante do palácio", quando se olha uma coisa sem saber o que significa.

logos o direito público de esticar o céu, isto é, as escrituras, como se fossem uma pele? Se devemos dar crédito ao douto São Jerônimo, que possuía cinco línguas, o próprio São Paulo usava do referido direito, encontrando-se em suas obras coisas que parecem opostas às sagradas escrituras. Por essa pia fraude do apóstolo dos gentes, podemos julgar todas as outras. Tendo São Paulo observado, certa vez, uma inscrição que os atenienses tinham posto sobre um altar, na qual se lia: *Aos deuses da Ásia, da Europa e da África, aos deuses ignotos e estranhos* – truncou a inscrição e, tomando somente a parte julgada vantajosa à religião cristã, suprimiu o restante. E até as palavras: *ao deus ignoto*, que formam o texto do seu discurso, bem se vê que não foram citadas com fidelidade. Os teólogos modernos mostram ter aproveitado bastante esse exemplo, pois, frequentemente, da passagem de um autor, costumam tirar cinco ou seis palavras e alterar-lhes o sentido, como lhes convém. E assim é que, ao se confrontar a cópia com o original, ou quando se compara a citação com o desenvolvimento do raciocínio, fica patenteado que o autor citado não teve a intenção de dizer o que se pretende, ou então disse justamente o contrário. Pois é o que fazem os *nossos mestres*, e o fazem com tão feliz impudência que os próprios legistas, que tanto se divertem em citar a torto e a direito, ficam com muita inveja deles.

E como poderiam deixar de se sair bem com essa astúcia os guerreiros espirituais? Tudo podem esperar depois do primeiro sucesso do grande teólogo de que há pouco vos falei. Oh! Que bom! Estou com o nome na ponta da língua! Receio, porém, que me citem outra vez o provérbio grego do *Asinus ad Lyram*.

Esse doutor, no evangelho de São Lucas, interpretou uma passagem de forma tão consentânea com o espírito de Cristo como o fogo com a água. Julgai-o, pois. Por ocasião de um extremo perigo, ocasião em que os bons clientes mais assiduamente acham-se em torno dos seus protetores, oferecendo-lhes todos os seus serviços, o Salvador, querendo tornar os seus discípulos superiores à esperança de qualquer socorro humano, fez aos mesmos a seguinte pergunta: "– Quando vos enviei pelo mundo, faltou-vos alguma coisa?". – Eles não tinham nem dinheiro para a viagem, nem sapatos para se garantir contra as pedras e os espinhos, nem alforjes a que pudessem recorrer em caso de fome. Como os apóstolos lhe respondessem que tinham sempre encontrado o necessário, o Salvador acrescentou: "– Agora, aquele de vós que tiver um saco, pequeno ou grande, deve levá-lo consigo; e aquele que não tiver espada, venda a túnica para comprá-la.". Como toda a doutrina evangélica aconselha a mansidão, a tolerância e o desprezo pela vida, seria preciso ser cego para não perceber o sentido e a intenção de Cristo nessa passagem. O divino legislador queria preparar os seus convidados para o ministério do apostolado e, por isso, impunha-lhes que se desapegassem de todas as coisas desta terra. Não bastava largar os sapatos e os alforjes, mas deviam ainda despojar-se dos hábitos, o que significa, sem dúvida, o perfeito desprendimento de coração com que deviam entrar na carreira do apostolado.

É verdade que Jesus Cristo mandou que os apóstolos arranjassem uma espada, mas não das que servem de instrumento fatal nas mãos dos ladrões e dos parricidas, e sim de uma espada espiritual que penetrasse até ao fundo do coração, que extirpasse todas as paixões mundanas, a fim de que só a piedade reinasse e dominasse no ânimo. Observai agora, por favor, como o nosso célebre *Asinus ad Lyram* esticou o sentido dessa passagem: por espada, entende ele o direito de defesa contra a perseguição; por alforje, entende a provisão de víveres, como se o Salvador, tendo percebido que sem essa medida não atenderia bastante ao esplendor e à dignidade dos seus missionários, tivesse mudado de parecer e se retratado da sua determinação.

Não se recordava o nosso legislador da sua moral? Pois declarou formalmente aos seus discípulos que seriam beatos se sofressem pacientemente a infâmia, os ultrajes, os suplícios; disse-lhes que a verdadeira felicidade era reservada aos brandos de coração, e não aos soberbos: exortou-os, enfim, com o exemplo dos pássaros e dos lírios, a se abandonarem à Providência. Esquecera-se, então, o Salvador dessas suas máximas quando, por um espírito inteiramente oposto, mandou que os apóstolos trouxessem uma espada, vendessem o hábito para comprar uma, e preferissem andar nus a andar desarmados? Assim como o nosso sutil comentador encerra na espada tudo o que pode servir para repelir a força, assim também entende por alforje tudo o que diz respeito à comodidade da vida. Dessa forma, esse intérprete do espírito de Deus faz que os apóstolos apareçam no teatro do mundo, para pregar Jesus crucificado, todos armados de lanças, balestras, fundas e bombardas. E assim também, para não viajarem em jejum, carrega-os de dinheiro, malas e embrulhos.

Mas por que Jesus Cristo, depois ter mandado que os seus discípulos vendessem a própria camisa (por honestidade, creio que foi só) para comprar uma espada, ordenou em seguida, com ar de severidade e desdém, que a pusessem na bainha? Por que os apóstolos, ao que saibamos, nunca desembainharam a espada contra a violência dos tiranos? Seriam obrigados a fazê-lo, em sã consciência, se Cristo expressamente o tivesse determinado. O nosso teólogo, porém, não se atrapalhou diante dessa dificuldade.

Um outro doutor, cujo nome discretamente deixo de citar, deu o mais belo salto do mundo. O profeta Habacuc disse: "As peles da terra de Madiã serão revolvidas". Ora, é claro como o sol que o profeta quer referir-se às tendas dos madianitas; mas, firmando-se o bom teólogo no termo *peles*, disse que a referida passagem era, sem dúvida alguma, uma alusão ao esfolamento de São Bartolomeu.

Não faz muito tempo que intervim em uma decisão teológica, pois quase nunca falto a esse gênero de combate. Tendo alguém perguntado como se poderia provar, com as sagradas escrituras, que contra os hereges deviam ser empregados o ferro e o fogo, em lugar da discussão e do raciocínio, logo levantou-se um velho, cujo aspecto severo e temerário facilmente indicava tratar-se de um teólogo, e, franzindo as sobrancelhas, respondeu com uma voz altissonante: "Foi o próprio São Paulo que fez esta sábia lei: *Evita* (devita) *o herege depois de uma ou duas admoestações*". Como fosse repetindo muitas vezes e em voz alta essas palavras, todos julgaram-no dominado por um acesso frenético. Mas ele acabou explicando o enigma: "Sereis" – exclamou – "tão ignorantes que não noteis que esse vocábulo *devita* (evita) é formado, em latim, pela preposição *de*, mais o nome substantivo *vita*, significando *fora da vida*?". Portanto, São Paulo mandou queimar os hereges e jogar suas cinzas ao vento.

Alguns puseram-se a rir ante tão nova e inesperada etimologia, mas outros acharam-na profunda e verdadeiramente teológica. Percebendo o barbado que não eram por ele todos os sufrágios da assembleia, lançou mão do argumento decisivo: "Está escrito" – disse ele – "não permitirás que viva o malfeitor; ora, o herege é malfeitor, por conseguinte etc.". Então, todos admiraram o talento do doutor, e o seu juízo *por conseguinte* é universalmente aplaudido. Não passa pela cabeça de alguém que a citada lei dissesse respeito unicamente aos feiticeiros, aos bruxos, aos magos e a todas as pessoas que os hebreus chamavam de malfeitores, porque, do contrário, seria preciso ainda condenar ao fogo a embriaguez e a fornicação. Mas é uma tolice perder-me em semelhantes frioleiras, cujo número é tão grande que nem Dídimo nem Crisipo disseram tantas, embora tenham publicado uma enorme quantidade de volumes, o primeiro tratando da dialética e o segundo da gramática.

Apenas vos peço que me façais justiça em uma coisa: se é permitido que esses divinos mestres afastem-se tanto do bom senso e da verdade, não condeneis, com mais forte razão, a minha insensatez nas citações, pois não passo, afinal, de uma sombra em confronto com os teólogos.

Volto de novo a São Paulo. Falando de si mesmo, diz esse apóstolo: "Suportais pacientemente os tolos... Considerai-me também um tolo... Não falo segundo Deus, mas como se fosse tolo... Somos tolos por Jesus Cristo.". Que glória para mim é o fato de um autor de tanto peso referir-se tão favoravelmente à Loucura! No entanto, o mesmo São Paulo, não contente com isso, passa a recomendar a loucura como coisa sumamente necessária à salvação. "Aquele, dentre vós" – diz ele – "que quiser parecer sábio, deve tornar-se louco, para poder fazer-se sábio." Não chamou Jesus Cristo *loucos*, em São Lucas, àqueles dois discípulos com os quais encontrou-se na estrada, depois da ressurreição? Não obstante, isso não me causa tanta surpresa como o que disse o apóstolo das gentes: A *loucura de Deus é melhor que a sabedoria dos homens.* Ora, de acordo com a interpretação de Orígenes, não se pode aplicar essa loucura à opinião dos homens. Do mesmo gênero é esta passagem: O *mistério da cruz é uma loucura para os que perecem.*

Mas por que hei de cansar-me invocando tantos testemunhos? O Homem-Deus, voltando-se para o seu Pai, já disse-lhe nos salmos: "*Conheces minha loucura?*" Não é, pois, sem motivo, ou melhor, é visivelmente por essa razão que os loucos são os prediletos de Deus. Nesse particular, o Ser Supremo assemelha-se aos príncipes da terra, pois que, em geral, essas divindades imortais não gostam nada das pessoas sensatas e honestas. Com efeito, César temia mais Cássio e Bruto, do que ao glutoníssimo Antônio;[96] Nero não podia tolerar Sêneca;[97] Platão desiludiu-se com Dionísio, o tirano.[98] No entanto, apreciaram muito os estúpidos, os simples e os imbecis.

O Homem-Deus, igualmente, condena sempre e detesta os sábios que só confiam na própria filosofia. São Paulo disse nítida e claramente: *Deus escolheu tudo o que há de tolo no mundo... Deus julgou conveniente salvar o mundo pela loucura.* E assim o fez, decerto, porque não teria podido fazê-lo com a sabedoria.

O próprio Deus diz pela boca do profeta Isaías: *Eu confundirei a sabedoria dos sábios e reprovarei a prudência dos prudentes.* E a humanidade de Jesus não dá graças a Deus por ter ocultado aos sábios o mistério da salvação, para revelá-lo aos pequenos, isto é, aos maluquinhos, com toda a força e energia do vocábulo grego? Pela mesma razão, podemos explicar ainda a contínua guerra que, segundo o evangelho, fez o Salvador aos doutores da lei, aos escribas e aos fariseus, ao mesmo tempo que tomava o partido do vulgo ignorante. "*Desgraçados de vós*" – dizia ele – "*ó escribas e fariseus!*". Não significará essa imprecação o mesmo que *desgraçados de vós, ó sábios?* Finalmente, o Senhor do universo só costumava conversar com os meninos, as mulheres e os pescadores. Também Jesus Cristo preferia, entre tantas espécies de animais, os que mais se afastavam da sagacidade da raposa: escolheu um burrinho para o seu carro de triunfo, quando teria podido cavalgar um soberbo leão. O Espírito Santo desceu sobre a segunda pessoa da Santíssima Trindade, não em forma de águia ou de gavião, mas de pomba, que é o mais simples dos pássaros. Além disso, as sagradas escrituras falam frequentemente de animais que têm um instinto muito limitado, que são os veados, os cabritos e os cordeiros. E não é de *ovelhas* que Jesus Cristo chama os que são eleitos para gozar com ele do reino dos céus? Ora, onde haverá animal mais estúpido do que a ovelha? Antigamente, por des-

---

96. Quando lhe avisaram que tomasse cuidado com Antônio, César respondeu: "Não temo os gordos e os glutões, mas os sóbrios e os pálidos.". Referia-se a Bruto e Cássio, que de fato o apunhalaram em pleno Senado.

97. Nero mandou cortar as veias de Sêneca, por ter esse filósofo, quando seu preceptor, censurado as suas infames ações.

98. Tendo ido expressamente à Sicília para tentar melhorar, pelo estudo da filosofia, os sentimentos do feroz Dionísio, tirano da ilha, Platão passou pelo desgosto de ver fracassar inteiramente o seu propósito.

prezo e injúria, costumava-se dar esse nome às pessoas estúpidas e idiotas. Ainda mais: em virtude da comparação dos eleitos com as ovelhas, Jesus Cristo vangloria-se do título de pastor e gosta muitíssimo do nome *Cordeiro*. De fato, é com esse nome que São João Batista o faz conhecer, quando diz: *Eis o Cordeiro de Deus!* E sob essa forma é ele igualmente representado em diversas visões do Apocalipse.

Mas quais são as nossas conclusões do que aqui fica dito? Ei-las: Os homens são malucos, sem excetuar mesmo os que fazem profissão de piedade. Jesus Cristo, que é a sabedoria do Pai, procede como tolo ao unir-se à natureza humana da forma por que o fez, isto é, tornando-se pecador para redimir o pecado. Observai como o Salvador executou dignamente o seu projeto. Tendo estabelecido, em seus decretos, que salvaria os homens com a loucura da cruz, utilizou nessa tarefa apóstolos grosseiros e idiotas, recomendando-lhes calorosamente que evitassem a sabedoria e seguissem a loucura, e indicando-lhes o exemplo dos meninos, das gralhas e dos pássaros, seres sem qualquer artifício e sem inquietações, que só se orientam pelas leis da natureza e pelo mecanismo do instinto.

Esse legislador proibiu-lhes que se preparassem para comparecer perante os tribunais dos reis e dos presídios, e não quis que pensassem no dia seguinte nem observassem a medida do tempo, com receio de que, fiando-se na própria sabedoria, não se abandonassem inteiramente à sua providência. E foi por essa razão que o grande Arquiteto do universo proibiu que o primeiro e lindo par de esposos, por ele feitos e unidos em matrimônio, provassem o fruto da árvore da ciência do bem e do mal, sob pena de sua desgraça e morte. É a melhor prova de que a ciência é o veneno da felicidade. São Paulo rejeita-a como perniciosa ao dizer que ensoberbece o coração, e creio que São Bernardo exprimiu o mesmo sentimento desse apóstolo, ao chamar de *monte do saber* aquele monte no qual o soberbo Lúcifer fixou sua morada.

Não me parece que deva silenciar sobre o sumo crédito de que gozo no céu, pois que aí facilmente obtém-se o perdão com o meu nome, ao passo que não é favorável o da sabedoria. Pecou um homem com conhecimento de causa? Não penseis que procure alegar suas luzes, pois pode considerar-se feliz quando pode cobrir-se com o manto da loucura. É por isso que Aarão, no Livro XII dos Números, se não me engano, querendo implorar o perdão para si e para a sua mulher, exclama: "*Rogo-vos, Senhor, que não nos condeneis por esse pecado que tolamente cometemos!*". O mesmo fez Saul, para se desculpar com Davi. "*Logo se vê*" – diz ele – "*que agi como louco!*" O próprio Davi, procurando evitar a vingança divina, exclamou: "*Senhor! Suplico-vos que canceleis a iniquidade da parte do vosso servo, pois agimos como loucos!*". Bem vedes que não podia esperar ser favorecido, se não aduzisse como desculpa a sua tolice e a sua ignorância.

Mas, de todas as provas, a que corta a cabeça do touro é a prece do Salvador na cruz pelos seus crucificadores: "*– Perdoai-lhes, Pai*," – disse ele, e o Deus moribundo não aduziu em favor deles outra desculpa senão a da loucura, acrescentando: "*porque não sabem o que fazem.*". Disse São Paulo a Timóteo: "*Deus usou de misericórdia para comigo porque a minha incredulidade era efeito da minha ignorância.*". Mas que significa essa ignorância? Não significará mais estultícia do que malícia? Qual é o sentido destas palavras: *Deus usou de misericórdia para comigo porque etc.*? Não será, talvez, o de demonstrar claramente que, sem o crédito e a recomendação da loucura, São Paulo não teria obtido misericórdia alguma?

O místico salmista mostrou-se, igualmente, da minha opinião naquela passagem que eu me esqueci de pôr no seu lugar: *Dignai-vos, Senhor, esquecer os delitos da minha juventude e das minhas ignorâncias.* Refletistes bem sobre esse divino cantor? Escusa-se por dois títulos: um, pela *juventude*, idade de que sou a fiel e inseparável companheira; outro, pelas *ignorâncias*, e notai que exprime a sua ignorância no plural, o que mostra a força imensa da sua loucura.

Para terminar logo uma enumeração que por natureza não acabaria nunca, quero vos fazer ver, sucintamente, que a religião cristã coaduna-se com a sabedoria. Como essa proposição pareça um verdadeiro paradoxo, não serei tão irrazoável que pretenda que me acrediteis baseado apenas em minha boa-fé. Vamos, pois, às provas.

Em primeiro lugar, vemos que os que, com maior solicitude, intervêm nos sacrifícios e outras cerimônias do culto não são as pessoas mais sensatas, mas os meninos, os velhos, as mulheres e os ignorantes. E de onde lhes vem o desejo de se aproximarem tanto do altar e o entusiasmo que experimentam pela devoção? Vem de um impulso totalmente mecânico da natureza. Em segundo lugar, os fundadores da religião cristã, fazendo profissão de uma maravilhosa simplicidade, eram os inimigos mais declarados do estudo das ciências. Finalmente, é impossível achar loucos mais extravagantes que os que se abandonam inteiramente ao ardor da piedade cristã. Jogam fora o dinheiro como a água, desprezam as injúrias, deixam-se enganar, não veem diferença alguma entre os amigos e os inimigos, sentem horror pela volúpia: a abstinência, as vigílias, as lágrimas, os padecimentos, os ultrajes, eis todas as suas delícias; além disso, odeiam a vida e desejam a morte, ao ponto de parecerem absolutamente privados de senso comum, não passando de corpos sem alma e sem sentimento. Que nome lhes daremos, se o de loucos não lhes fica bem? Não devemos, pois, estranhar que os judeus tenham considerado os apóstolos como borrachos. O juiz Festo não teria razão ao tomar São Paulo por um extravagante?

Uma vez que, sem o perceber, arvorei-me em sábia e em raciocinadora, quero ir até ao fim do assunto. Coragem, meu belíssimo espírito! Sustentemos, diante desses ouvintes, diante dessa ilustre sociedade de loucos, uma tese inteiramente nova e inesperada. Sim, meus caros senhores, quero mostrar-vos que a felicidade dos cristãos, essa felicidade almejada com tantas penas e tantos trabalhos, não é senão uma espécie de loucura e de furor. Como! Vós me olhais de soslaio e com desdém? Devagar, devagar: não nos apeguemos às palavras, que não passam de sons articulados e arbitrários. Limitemo-nos ao exame da coisa. Entro no assunto.

O sistema do cristianismo, acerca da felicidade da vida, muito avizinha-se do dos platônicos. Segundo o princípio fundamental desses dois sistemas, a alma está encarcerada no corpo, ligada pelos nós da matéria e de tal modo oprimida pelo peso da máquina orgânica que muito dificilmente pode descobrir e apreciar a verdade. É por essa razão que Platão definiu a filosofia como sendo a *meditação da morte*, porque tanto a filosofia como a morte destacam nossa alma das coisas visíveis e corporais. Por isso, quando a alma emprega os órgãos do corpo de acordo com a economia natural, costuma dizer-se sábia e sã; mas quando, rompendo os liames, procura fugir do cárcere, pôr-se em liberdade, então diz-se em estado de loucura. Quando essa desordem provém da enfermidade ou alteração dos órgãos, dão-lhe todos o nome de furor. Por outro lado, vemos esses felicíssimos loucos que predizem o futuro, que conhecem línguas e ciências sem nunca as terem aprendido, e que mostram ter em si mesmos algo de divino. E de onde provém esse prodígio? Creio não haver dúvida de que provém da alma, que, tornando-se um pouco mais livre da servidão do corpo, começa a utilizar sua força natural. Creio provir igualmente dessa causa a faculdade que têm os moribundos de dizer coisas prodigiosas, como que inspirados. O amor e o zelo da piedade produzem também essa alienação dos sentidos, que não parece ser, é verdade, o mesmo gênero de loucura, mas desta aproxima-se de tal forma que em geral se lhe dá o mesmo nome.

Com efeito, quem não trataria como loucos, e como loucos em último grau, aqueles homenzinhos que levam uma vida totalmente diversa da dos outros mortais? E aqui vem muito a propósito a ideia de Platão. Imaginou ele uma caverna repleta de pessoas presas, da qual conseguiu fugir um dos prisioneiros. Este, depois de levar muito tempo vagando sem destino, voltou e gritou em altas vozes aos companheiros: "– Meus caros amigos! Como me inspirais piedade! Só vedes sombras e fantasmas, em suma, sois verdadeiramente tolos. Bem diversa é a minha situação, pois só vi coisas sensíveis, existentes, reais.".

– Então, do seu canto, os encarcerados, que jamais saíram do subterrâneo, entreolhando-se com surpresa, exclamaram: "– Que nos quer dizer com isso esse louco? Com certeza perdeu o juízo.". – O mesmo costuma suceder com homens: os mais sensuais têm maior admiração pelas coisas materiais, quase acreditando que não existam outras; os que consagram-se à piedade, ao contrário, quanto mais relação com o corpo tem um objeto, tanto menos lhe dão valor e passam a vida sempre imersos na contemplação das coisas invisíveis.

A principal ocupação dos mundanos é acumular sempre riquezas e contentar em tudo e por tudo o próprio corpo, pouco ou nada se importando com a alma, cuja existência, por ser ela invisível, muitos chegam mesmo a pôr em dúvida. Já as pessoas inflamadas pelo fogo da religião seguem um caminho totalmente oposto e depositam toda a sua confiança em Deus, que é o mais simples de todos os seres: depois dele e dependendo dele, pensam na alma, sendo a coisa que mais próxima está da divindade. É assim que não pensam no corpo e não só desprezam os bens da fortuna como até os recusam. E quando, por dever, são obrigados, como pais de família, a pensar nos interesses temporais, por aí enveredam contra a vontade e experimentam um vivo pesar, porque *têm* como se *não tivessem* e *possuem* como se *não possuíssem*.

Existem ainda muitos outros graus de diferença entre os que se ocupam somente com o corpo e os que se entregam inteiramente à pia cultivação da alma. Para melhor distinguirmos esses graus, estabeleçamos um princípio incontestável.

Embora todos os sentimentos da alma tenham uma correspondência necessária com o corpo, há, contudo, duas espécies: uns são materiais, como o tato, a audição, a vista, o olfato e o paladar; outros têm menor relação com os órgãos, como sejam a memória, o intelecto e a vontade. Disso resulta que a alma tem maior ou menor força à proporção que se aplica mais ou menos a esses diversos sentimentos. Raciocinemos, agora, sobre essa suposição. Assim como os que se abandonam totalmente à piedade tornam-se o quanto podem superiores aos sentidos do corpo, mortificando-o a tal ponto que acabam perdendo toda sensibilidade – como São Bernardo, por exemplo, que, segundo a lenda, bebia óleo por vinho sem perceber –, assim também os sensuais têm um grande vigor de ânimo no que se refere aos sentidos do corpo e uma fraqueza extrema quanto à alma. Além disso, há algumas paixões que afetam o corpo mais de perto, como o amor, a fome, a sede, o sono, a cólera, a soberba, a inveja, contra as quais movem os verdadeiros devotos, se é que os há, uma perpétua guerra, ao passo que os adeptos da natureza acham que não podem viver sem essas coisas. Existem ainda outras que têm lugar intermédio e são consideradas naturais, como sejam: amar a pátria, os parentes, os filhos diletos, os vizinhos, os amigos. Quase todos os homens possuem algo dessas paixões, mas as pessoas pias fazem tudo para extirpá-las do coração ou, ao menos, espiritualizá-las. Um filho, por exemplo, ama seu pai: julgais que ele honre a paternidade e ame de fato aquele de quem recebeu a vida? "– Ora essa! Que foi que me deu, pai," – diz o devoto –, "a não ser esse corpo miserável, que é o meu pior inimigo? Aliás, também isso eu o devo a Deus, único e verdadeiro autor do meu ser. Amo meu pai como um homem em quem resplende a imagem daquela extrema inteligência que é o bem *supremo* e fora da qual nada existe de amável nem de desejável." – É também com essa regra que as pessoas de mortificação misturam todos os deveres da vida, de modo que, quando não desprezam em geral todas as coisas visíveis, pelo menos põem-nas infinitamente abaixo das invisíveis. Chegam mesmo a dizer que, nos sacramentos e nas outras funções do culto, não existiria a matéria sem o espírito. Nos dias de jejum, acreditam que seja quase nada a abstinência das carnes e da ceia, se bem que a maioria faça consistir nesses dois pontos toda a obrigação do preceito. Os devotos vos dizem que é preciso jejuar com o espírito, dominar as próprias paixões, suprimir a cólera e o orgulho, a fim de que a alma, mais desembaraçada da massa do corpo, possa melhor gozar dos bens do céu. O mesmo acontece em relação à missa: "– Se bem que não desprezemos" – dizem eles – "tudo o que é visível nesse sacrifício, todavia os sinais não seriam menos inúteis que as cerimônias, quando não perniciosas, se não fosse o socorro do espírito.". – Representando esse mistério a paixão do Salvador, faz-se mister que a representem também os fiéis, dominando, extinguindo e sepultando suas paixões, a fim de ressurgirem em uma nova vida e se unirem a Cristo e aos seus membros. Os devotos costumam assistir à santa missa com referida disposição, mas o mesmo não acontece com a maior parte dos homens que, não reconhecendo nesse sacrifício senão a obrigação de comparecer, contenta-se em olhar, ouvir, prestar atenção ao canto e às cerimônias. Mas não é só no que diz respeito às coisas que acabo de vos referir a título de exemplo que os anjos mortais rompem toda relação com os corpos e com a matéria: para se elevarem aos bens eternos, invisíveis e espirituais, fazem o mesmo com tudo o que acontece no curso da vida.

Vós mesmos não poderei negar, quando eu vo-lo tiver brevemente demonstrado, que a infinita recompensa desejada que buscam com tanta ansiedade não é senão uma espécie de furor. Confirmo o meu sentimento com um oráculo do divino Platão: *O furor dos amantes* – diz o entusiasta filósofo – *é de todos o mais feliz*. Com efeito, um amante apaixonado não vive mais em si mesmo, mas na pessoa que se apoderou do seu coração, e quanto mais sai de si mesmo para transfundir-se no objeto do seu amor, tanto mais sente redobrar-se o seu prazer. Não teremos igualmente razão de qualificar com o nome de furor o próprio estado de uma alma devota que arde de desejo por alcançar a perfeição evangélica e que não procura senão sair do seu corpo pelo desprezo dos sentidos? Trazei à vossa memória os modos de dizer frequentemente usados: *Está fora de si... Voltou a si... Caiu em si...* Além disso, segundo a ideia de Platão, pelo grau de amor é preciso medir a grandeza do furor e da felicidade. Qual será, pois, a vida dos beatos no paraíso, vida pela qual suspiram as almas devotas com tanto arrebatamento? Como naquele estado de gozo perfeito e sempre novo, a alma vitoriosa e triunfante absorverá o corpo, resulta que esse absoluto domínio, bem longe de causar o menor sofrimento, torna-se natural, e o espírito achar-se-á como no seu reino e gozará o fruto dos esforços feitos para reduzir o corpo a uma perfeita escravidão. Além disso, a alma verá de maneira incompreensível, como que absorta naquela suprema inteligência pela qual é infinitamente superada. E assim é que o homem ficará fora de si e não será feliz senão quando, não se achando mais em si mesmo, receber uma inexprimível felicidade daquele supremo Bem que tudo atrai a si. Mas como essa felicidade só pode ser destruída pela união da alma com o corpo, e sendo a vida dos santos na terra uma contínua meditação e uma sombra das alegrias inefáveis do paraíso, resulta que principiam a gozar antecipadamente neste mundo a recompensa que lhes é prometida. É bem verdade que, em confronto com a felicidade eterna, não passa de uma gota e de uma sombra a que experimentam os devotos nesta terra. Não obstante, essa gota, essa sombra, é incomparavelmente superior a todos os prazeres dos sentidos, mesmo que se pudessem gozar todos ao mesmo tempo, porque todas as coisas espirituais superam infinitamente as materiais, e os bens invisíveis ultrapassam de muito os visíveis. É, aliás, o que promete um profeta, quando diz: *Os olhos não viram, os ouvidos não escutaram, o coração do homem não sentiu ainda o que Deus preparou para os que o amam.* É esse gênero de loucura que, bem longe de se perder quando se passa da terra ao céu, alcança, ao contrário, seu último grau de perfeição.

Para vos falar novamente daqueles aos quais Deus, por um favor todo especial, concede a graça de gozar antecipadamente as delícias da beatitude, dir-vos-eis que são eles em número muito reduzido e que, além disso, estão sujeitos a certos sintomas que muito se assemelham aos da loucura: suas palavras são desconexas e fora do uso humano, ou, mais claramente, não sabem o que dizem; sua fisionomia transforma-se a cada momento, e ora estão alegres, ora melancólicos;

choram, riem, suspiram, em uma palavra, estão inteiramente fora de si. Acontece que voltam os seus sentidos? Protestam que, positivamente, não sabem de onde vêm, nem se existem somente na alma ou também no corpo, nem se estarão acordados ou dormindo. E de tudo, depois, que viram, ouviram, disseram, ou não se recordam ou fazem uma ideia tão confusa como se tivessem sonhado.

Só sabem de uma coisa: que se acham felicíssimos no seu delírio. Eis por que sofrem a convalescença do cérebro e tudo sacrificariam de bom grado para serem perpetuamente loucos nessas condições. No entanto, toda essa felicidade não passa de uma tenuíssima migalha da mesa celeste: imaginai, agora, o que não será o eterno banquete!

Mas parece que, sem refletir no que sou, vou ultrapassando há bastante tempo todos os limites. Por conseguinte, se tagarelei demais e com demasiada ousadia, lembrai-vos de que sou mulher e sou a Loucura. Ao mesmo tempo, porém, não vos esqueçais deste antigo provérbio dos gregos: *Muitas vezes, também o homem louco fala judiciosamente*, a não ser que pretendais que, nesse provérbio, não estejam incluídas as mulheres, pois eu disse *homem* e não *mulher*.

Esperais um epílogo do que vos disse até agora? Estou lendo isso em vossas fisionomias. Mas sois verdadeiramente tolos se imaginais que eu tenha podido reter de memória toda essa mistura de palavras que vos impingi. Em lugar de um epílogo, quero oferecer-vos duas sentenças. A primeira, antiquíssima, é esta: *Eu jamais desejaria beber com um homem que se lembrasse de tudo*. E a segunda, nova, é a seguinte: *Odeio o ouvinte de memória fiel demais.*

E, por isso, sede sãos, aplaudi, vivei, bebei, ó celebérrimos iniciados nos mistérios da Loucura.

Este livro foi impresso pela Gráfica Grafilar
em fonte Minion Pro sobre papel Pólen Bold 70 g/m²
para a Edipro no outono de 2023.